神さまのむちゃぶり
で全国の神社に行ったら人生が好転した話。

長南華香 著
Hanako Chonan

池上花英 漫画
Kae Ikegami

フォレスト出版

この本に書かれたことは
すべて私が視た実話です。

登場人物紹介

ひかり

華香の娘。華香同様、幼い頃から神さまの声が聞こえる。華香の旅の同行者。

親子

長南華香
（ちょうなんはなこ）

本書の著者で旅の主人公。幼い頃から神さまの声が聞こえ、初めての著書の出版をきっかけに、神さまたちからのむちゃぶりによって、“お遣い”をする日々が始まる。

旅のパートナー

白龍
（はくりゅう）

ある日、華香の前に現れた若くて無邪気な龍。華香の旅のパートナーとなる。

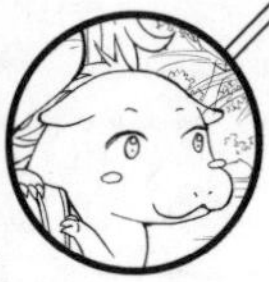

木花開耶姫
（このはなさくやひめ）

浅間神社のご祭神。桜の花が咲いたように美しい女神だが、極妻のような激しい一面を持つ。華香に「神さまの声を聞く方法」を伝授する。

金龍
（きんりゅう）

秩父の三峯神社で華香を待ち受けていた。日本の経済を司る存在で、華香に「お金が入る龍脈を作る方法」をレクチャーする。紳士的。

市杵島姫
（いちきしまひめ）

広島の厳島神社に祀られていることでも有名。しっとりした美人系、温和な女神。華香に「人生の流れをつかむ方法」を教える。

瀬織津姫
（せおりつひめ）

大祓詞《おおはらえのことば》に登場する祓い浄めの女神。出雲大社で華香に足を清めることを命令する。

アメノウズメ

天照大神が岩戸に隠れた時、自らの舞で天照大神を誘い出したことで有名。ノリのいい明るい性格。華香に「自分の中の魅力を爆発させる方法」を伝授するが……。

夫婦

猿田彦
（さるたひこ）

道開きの神さまでアメノウズメの旦那さま。天狗のような大きな鼻を持つと言われている。

大国主
（おおくにぬし）

出雲大社のご祭神。日本全国に妻がおり、縁結びの神さまとして有名。華香に「人生のパートナーに出会う方法」を教える。

夫婦

奴奈川姫
（ぬなかわひめ）

大国主の妻。薄幸そうで大人しい性格だが、華香に「個性と意志を信じ続けること」について熱く語る。和歌が得意だったりする。

イザナギ&イザナミ

日本で初めての男と女の神さま。夫婦。日本の神さまや日本人にとってお父さんとお母さんのような存在。華香に「本当の自分を思い出す方法」を伝える。

夫婦

こんにちは長南華香《ちょうなんはなこ》です
娘のひかりです
ぴこっ
この本は私の「神さまのお遣い」をまとめたものです
北は北海道から
神さま珍道中。
南は沖縄まで。
思えば大変だったなー…
ひー!
え？ 神さま??
怪しいって??分かります！
私は子どもの頃からいろんな神さまが視《み》え…
華香…
ねえ華香ったら…
聞こえない…
聞こえない…
その度に怪しいから無視していました
でもある時どうしても無視できないことが起こり
華香ー!!
それから仕方なく神さまのお遣いを始めました
でもいろんな神さまのお遣いをしているうちに
たくさんの神さまの知恵を授かることになり

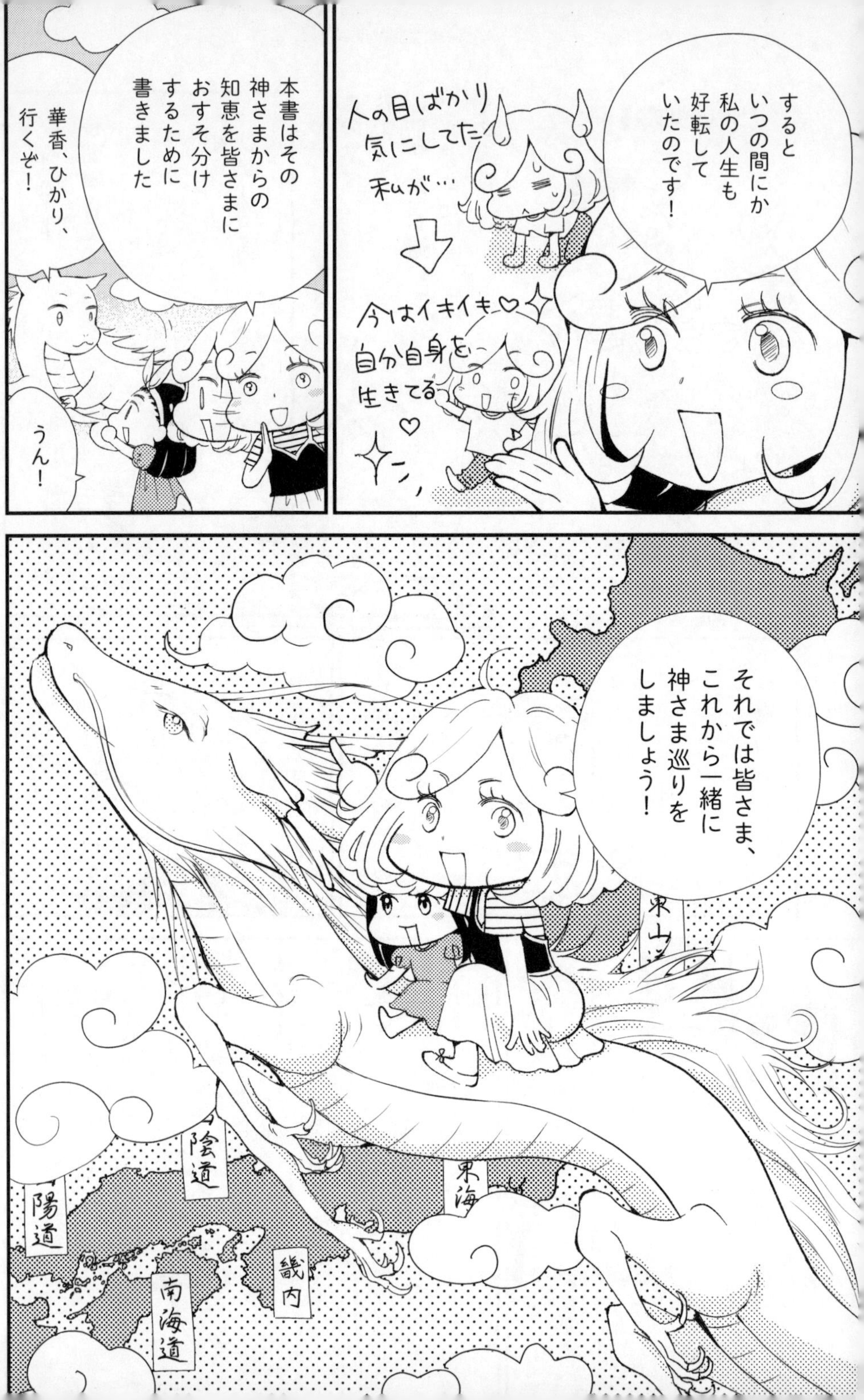
するといつの間にか私の人生も好転していたのです！
人の目ばかり気にしてた私が…
今はイキイキ♡自分自身を生きてる♡
本書はその神さまからの知恵を皆さまにおすそ分けするために書きました
華香、ひかり、行くぞ！
うん！
それでは皆さま、これから一緒に神さま巡りをしましょう！
東山道
山陰道
山陽道
東海道
畿内
南海道

私が神さまの声を信じるようになったワケ

「お～い無視すんな～。もう自分では分かってるんだろ～？」

こんなふうにずっと話しかけてくる声。この声が聞こえてくる現象が始まったのは、物心ついた時。

心も身体も無垢《むく》♡　な私は、ずーっとこの声を無視していました。

だって、怪しいことこの上ないんですもの！　親にだって言えるわけない！

でも、ある時、分かったんです。

この怪しい声の正体は**「神さま」**だって。

いや、「分かった」というより、「腑《ふ》に落ちる」と言ったほうが正しいかもしれません。

なぜかって？　だって、その声が教えてくれること全てが、実際に現実に起こってしまうからです。

最初は半信半疑だった私ですが、どんな細かいことでも言い当ててしまうその声を神さまだと認識するまでにそんなに時間はかかりませんでした。

ただ……私はずーーーっとこの声が聞こえる自分が大嫌いでした。

だって、未来に起こることを当ててしまう私を見て、周りはうらやましがるどころか、

「怖い！」「気持ち悪い！」「来ないで！」

と3Kのレッテルを貼《は》りつけたから……。

この時、華香14歳。傷つきやすいお年頃。だから私は、この力を封印することにしたのです。

それでも、その声はやむことはなく、毎日、毎日、語りかけてくる。いや、主張してくると言ったほうが正しいでしょう。

「うるさい、うるさい、うるさい、うるさい、うるさい、うるさい、うるさい、うるさい、うるさい、うるさい、うるさい、うるさい、うるさい、うるさい、うるさい、うるさい、うるさい、うるさい、うるさい、うるさい！」

大声で主張してくる神さまの声に、私は静かな叫びで返すしかありませんでした。

ところで未来で起こることが視える一方、全然分からないこともありました。それは「自分のこと」についてはなにひとつ分からないこと……。

そして、これが自分にとって最もやっかいなポイントでもあったのです。

「自分は本当はどうしたいの？」

「どんなふうに生きていきたいの？」

「どうしてこんなに傷ついてるの？」

ん〜……分からない！！！！　他人の未来や、世界のことは分かるのに、自分のことはなにひとつ分からないのです！

そのせいで、こじれた大人に成長した私。神さまの声は聞こえるくせに、人間関係はダメ、親との関係も全然ダメ。

お金だって入ってこないし、当然貯まらない。仕事も思い描いた青写真のひとかけらも叶《かな》わずにいました（あ、そういえば勉強も赤点ばっかりだったな〜）。

要するに、「人生偏差値」がことごとく低かったのです。

だから私の口癖は、「もう、こんな人生は終わりにしたい」でした。

そんな私ではありますが、ひょんなことから（今、思えば〝ひょん〟ってことでもないか）運良く、今の旦那さんと出会いました。人命救助されたような気持ちを今でも覚えています。

そして2009年、これまたありがたいことに、旦那さんとの間に新しい命を授かることもできました。

つけた名前は「ひかり」。生まれた瞬間、私は思いました。

「神さまを産んでしまった！」と。

そして、これはあながち嘘でもないことが後々判明します。

ひかりが3歳になった、ある日のことです。

「ねえ、ママ〜？　そこにずーっと視えてる人たちってだ〜れ〜？」

「！！！」

声にならない声が漏れる私。それもそのはずです。

だってその姿は、そう。神さまたちだったのですから！　なんと、私の娘ひかりまでも、**「神さま」が視える（声が聞こえる）子だったのです。**

こうして、私と娘と、そして神さま、ときどき旦那の共同生活は始まりました。娘と深い話を進めていくと、娘は生まれる前の記憶＝胎内記憶がある子どもでもあることが判明しました。

「ワタシもママもおともだちも、せんせいも、みんな神さまなんだ。だから本当はみんなとっても優しいんだよ♡」

「人のために動く人は、神さまが応援してるよ。じゃないと人のために動けないでしょ」

「地球で魔法を使うには、神さまだったことを思い出せばいいんだよ」

こんなひかり語録を聞いているうちに、私の中の「神さま」に対するブロックはいつの間にか少しずつ外れ、人のために自分の力をもっと活用しよう！　と思うようになりました（自分に対しては、やっぱり全然ダメダメでしたけど）。

こうして、私はママたちの悩みを胎内記憶やスピリチュアルの観点から解決する親子セラピストとして活動するようになったのです。

その活動の範囲は全国にわたり、今まで1万人以上のママたちの悩みを聞き、解決してきました。

ありがたいことに、自分の胎内記憶研究を元に、拙著『こどもはママのちっちゃな神さま』(ワニブックス)を出版させていただくこともできました。この本に対するママたちの感想は、今でも、やむことを知りません。

そして、この本の物語は、この拙著の制作時期にまでさかのぼります。

その日、本の祈願と取材を兼ねて、江ノ島神社を訪れていた、私を含めた本の制作チームの面々。

この日も例外なく、私に神さまは語りかけてくるのでした。

「ボクを木花開耶姫《このはなさくやひめ》のところへ連れていって~!」と。

思えば、これが長く、そして幸せの道へと続く神さま旅の始まりだったのです……。

目次

第2章 神さまからお金をもらおう ～お金が入る龍脈を作る方法～

第3章 運命は人生の途中からでも変えられる ～人生の流れをつかむ方法～

第4章 付き合うべきは魂カレ、魂カノ！ ～人生のサポーターに出会う方法～

第5章

ブサイクの封印を解く！～自分の中の魅力を爆発させる方法～

第6章 命と神さまの正体 ～本当の自分を思い出す方法～

序章

神さまはいつもあなたのそばに

～ある日、突然白龍と出会った～

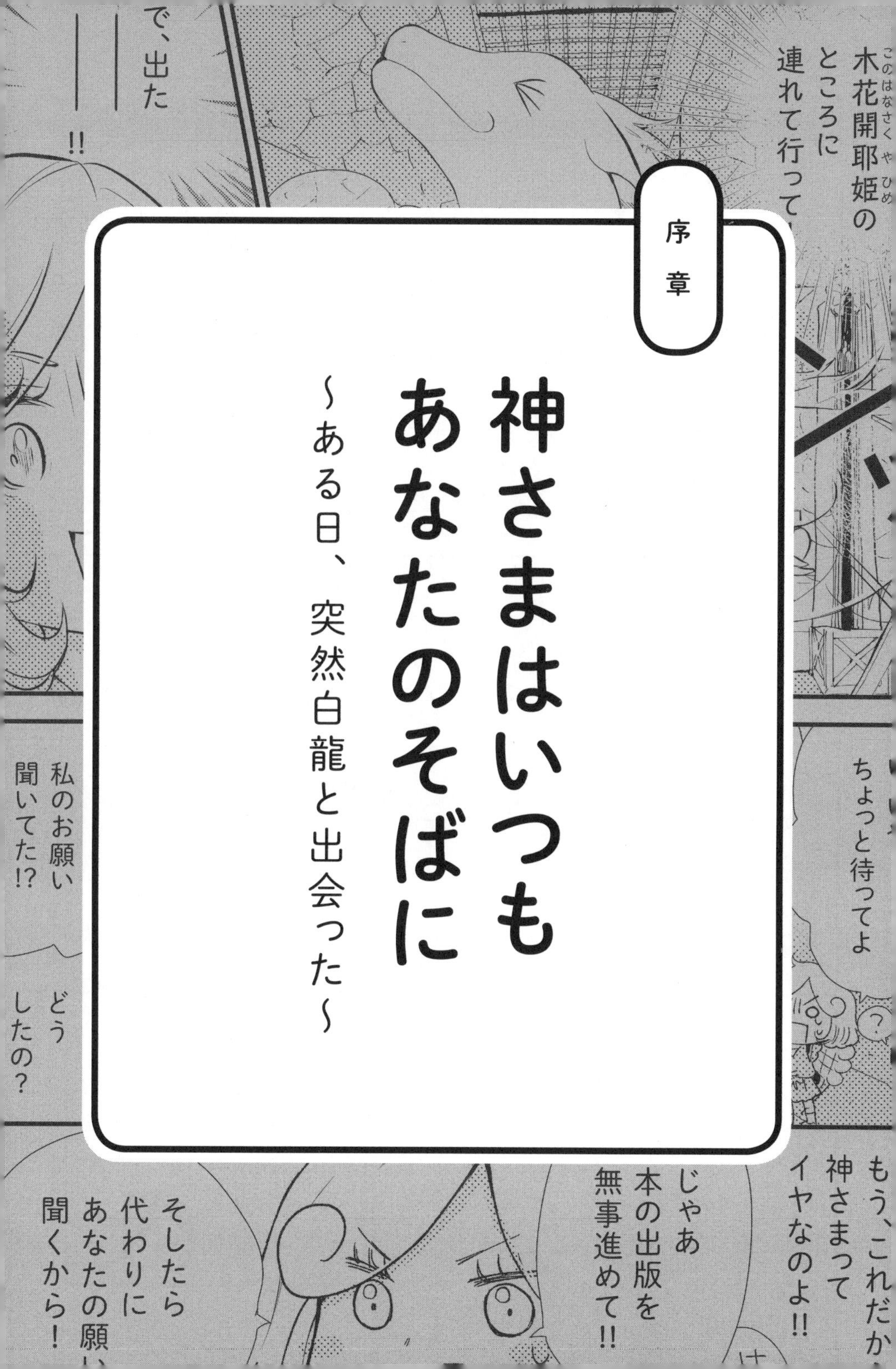

本の出版のご祈願と取材で江ノ島に行きました
やったー!
江ノ島ついたー!!
海だーー!!
華香《はなこ》さん、江ノ島はご近所なんですよね?
そうなんです
江ノ島には龍の神さまがいるそうですよ
弁財天も有名ですが
江ノ島全体が龍の巣と言われていてパワースポットになっているそうです
華香さん詳しい!
一応近所なんで
—というのもそうだけど
子どもの頃からフシギなものが視えていた私は
ポウゥッ…
今、気配が…
ヒッ
き、気のせい気のせい…!!
ここ、江ノ島でもいろんな気配を感じていたのです

でも今日は本の出版祈願!!
さっさとお祈りして取材取材!!
江ノ島神社龍宮
声は聞かずに!!
本が売れますようにーー!
あれ?華香さんお願いしないんですか?
え…そうですね
普段はお願いとかしないんだけど今日は特別だよね…
えーと…
今度本を出すんですけど…
無事に出版…
華香…よくきたな…
今日こそは無視させないぞ…
もくもく…

ボクを
木花開耶姫《このはなさくやひめ》の
ところに
連れて行ってー
ポンッ
で、出た
————!!
そしてしっかり
目ー合っちゃった…
い、いや
ちょっと待ってよ
どうして
私がお願い
されてるの?
いーから
ボクを
木花開耶姫の
とこに連れて
行ってよー
?
?
い、いや、
おかしいでしょ
私のお願い
聞いてた!?
華香
さん?
どう
したの?
もう、これだから
神さまって
イヤなのよ!!
じゃあ
本の出版を
無事進めて!!
そしたら
代わりに
あなたの願いを
聞くから!
けっこう
自己中

いや、ボクのお願いが先
どーん.
もうっ！なんで私が神さまにお願いされちゃうのよ!!
分かったわよ！あなたを木花なんとかのところに連れてってあげる!!
そうしたら私の願いを聞いてくれる？
そんならオッケー♪
ぴと。
そうして私の神さまのお遣いが始まった…
あれっ華香さんなんで困り顔なんですか？
これから大変になりそうだなと思ってー…
楽しかったですねー♡

木花開耶姫は かぐや姫の元になった神さま

「ボクを木花開耶姫のところへ連れていって〜！」

白龍から言われたこのむちゃぶりを聞いてから1週間後のこと。いまだに私の肩にはぴったりと白龍くんが張り付いています……。そして、毎日冒頭の言葉を私に投げかけるのでした。

「ねえねえ、ボクを木花開耶姫のところへ連れてってよ〜！」

「いつになったら、ボクを木花開耶姫のところへ連れていってくれるかんじ〜？」

「おーい、聞いてるのぉ？」

白龍くんの本気度を思い知った（~~めんどくさくなった~~）、私は、まず木花開耶姫について調べることにしました。

木花開耶姫。じつは、誰もが知るあのおとぎ話「かぐや姫」のモデルとなった神さまでもあります。竹から生まれた小さな姫。その姿は誰もが驚くほどの美しさだったと、物語では紹介されていますよね。

じつは、名前からもその事実がうかがえるんです。「木花開耶姫」は、「桜の花」とされる木花が咲いたように美しい女性という意味を持っているからです。うらやましい〜！

このお姫さまが祀られるのは、「浅間《せんげん》神社」。配下は１３００社ありますが、本宮は静岡県富士宮市にある富士山本宮浅間大社とのこと。

浅間大社に到着して間もなく、私の前に姿を現した木花開耶姫。さすが、かぐや姫のモデルになっただけあって、その姿はこの世の者とは思えないほどの美しさでした。

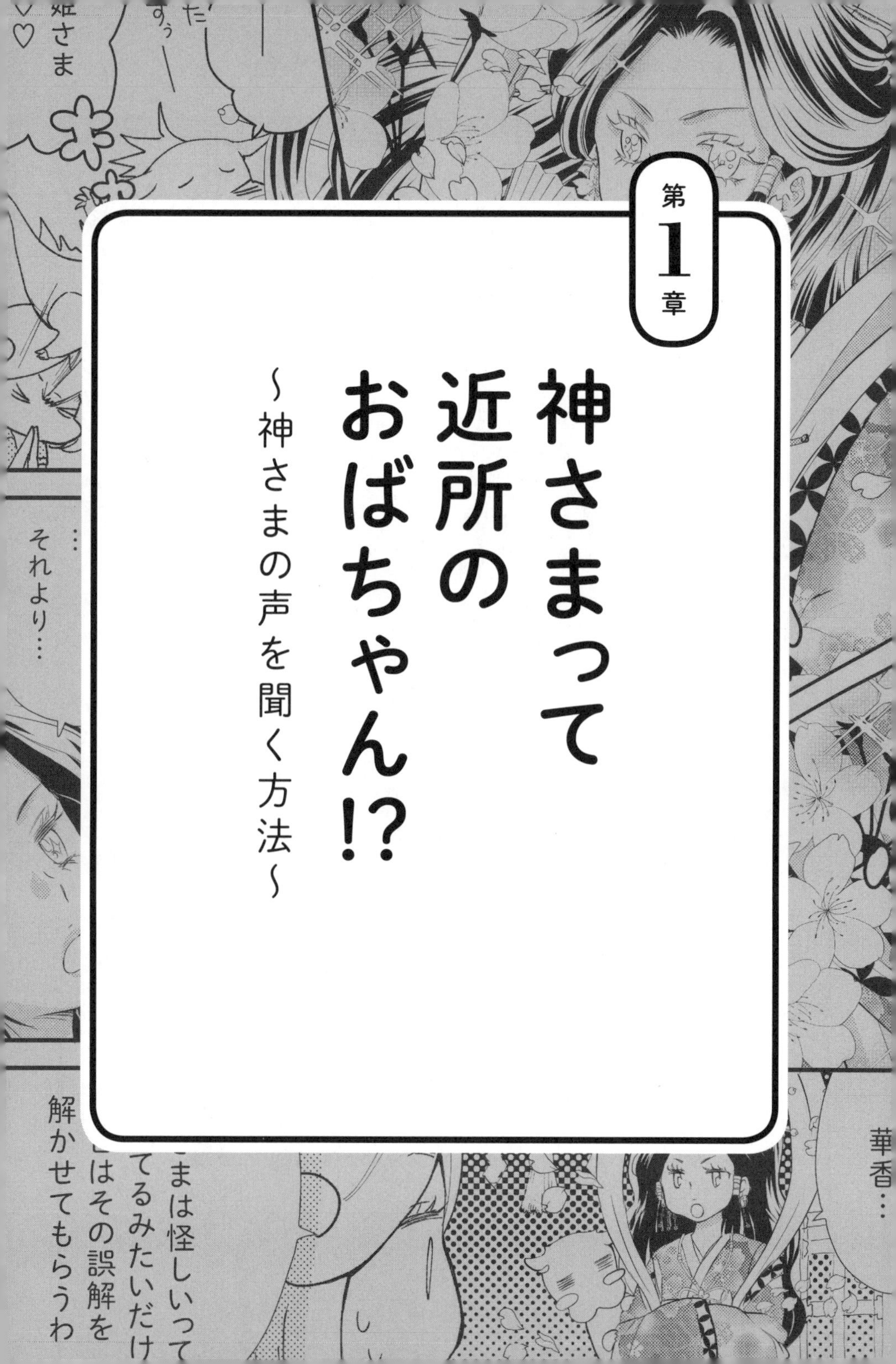

第1章

神さまって近所のおばちゃん!?

～神さまの声を聞く方法～

わーーー
お会いしたかったですぅーー
開耶姫さまーー♡♡
ぎゅむ!
相変わらずお美しいですぅー♡♡
キャー
キャー
そう?ありがとう
…それより…
華香《はなこ》…
神さまは怪しいって思ってるみたいだけど今日はその誤解を解かせてもらうわ

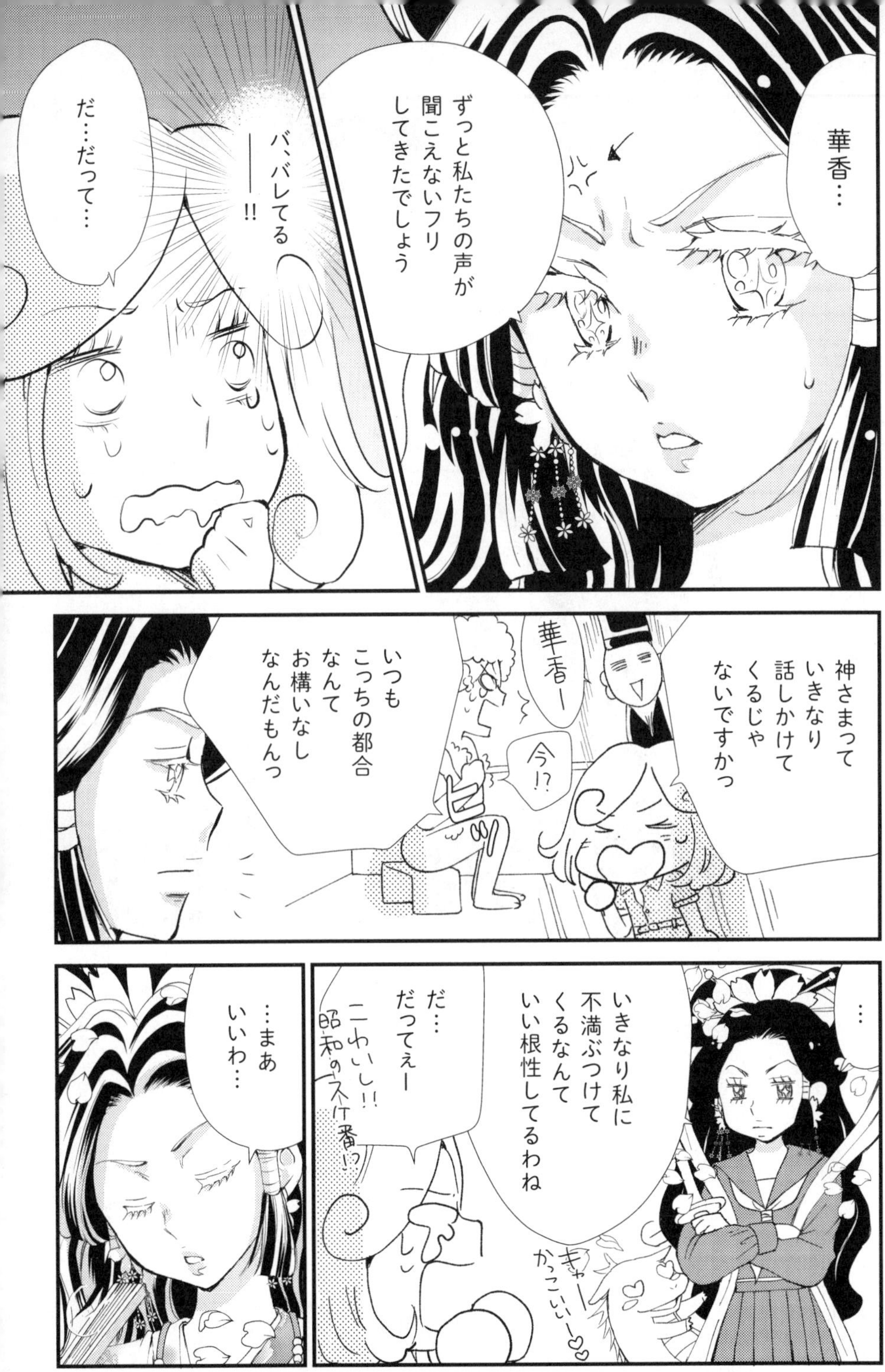
華香…
ずっと私たちの声が聞こえないフリしてきたでしょう
バ、バレてる――!!
だ…だって…
神さまっていきなり話しかけてくるじゃないですかっ
華香ー
今!?
いつもこっちの都合なんてお構いなしなんだもんっ
…
いきなり私に不満ぶつけてくるなんていい根性してるわね
キャーかっこいいー♡
だ…だってぇー
こーわいし!!
昭和のスケ番!?
…まあいいわ…

華香
「怪しい」と言って
神さまを無視してる
つもりだけど
全然無視できてないし
うっ！
図星!!
むしろ
挙動不審だし
それに私たち神さまが
どれだけあなたたちを
愛して導こうと
しているか
全然理解して
いないでしょ
その発言
ちょーっと
待った
――！
ちょっと待った
ちょいちょい
昭和ねぇ
!!
あなたたち神さまが
私を助けて
くれたことなんて
なかったじゃない!!
私、ず――っと
不幸だったんだけど!!

…誰もが私たち神さまの声が聞けるのにそれを聞かない
いや、「聞き方を知らない」と言ったほうがいいかしらね
だから今日は龍神にあなたをここまで連れて来てもらったの
華香！ 神さまとのコミュニケーションの取り方をしっかり伝えるから
神さまと仲良くなる方法を人間界に広めてちょうだい!!
覚悟しいや!!
今度は極妻!?

神さまとお話しできない人はいない!

美しさに見とれていたところ、木花開耶姫から飛んできたのは、まさかの「喝!」。

白龍と違って、凜々《りり》しく見た目の美しい木花開耶姫に妙に説得力を感じた私は、日頃の疑問をぶつけてみることにしました。

「開耶《さくや》姫《ひめ》さん! 〝神さまの声〟って、誰でも聞こえているんですね。それは知らなかったぁ。だって〝みんな神さまの声なんて、全然分からない〟って言うから……」

「もちろん、神さまからのメッセージが聞ける方法や、やり方、気づき方はその人なりの個性があるから、みんな一緒じゃないわ。

でも、**私たち神さまは、人間を助けて力になりたいと思ってる。**〝もっと仲良くなりたい〟っていう気持ちは共通よ。だからこそ私たちの声や、大切なメッセージが誰でも聞けるんだよってことをあなたにもっと広めてもらいたいの」

（それって神さまがやればいいんじゃないの？　なんで万能な神さまがやらないの？　例えば、人の心の中にす〜っと入り込んで、そのことを伝えたほうがよっぽど早いし、効率良くない!?　だから怪しいのよね。神さまって、まったく）

ささいな疑問をぶつけただけのつもりなのに、なぜか大きなミッションを与えられた私は思わず、心の中でぶつぶつと文句にも似た独り言をつぶやきました。そのはずが……。

「それは天界では可能なんだけど、一旦《いったん》地球に降りてきたら、人間が動いてくれないといけないの」

「ゲッ！　心の声、聞こえてた!!」

「私を誰だと思ってるの？　神よ。神さまよ」

「ははぁ〜」

人間にできて、神さまにできないこと

「私たち神さまは、人間に対して頭の中にインスピレーションで指示を出すことはできる。でもね、実際に話すことはできないのよ。だって、私たちご存じの通り、目に見える身体がないでしょ？

それにね、インスピレーションだけだと、どうしても説得力に欠けるのよ。ちょうどあなたみたいに、〝怪しい〟って思われることがほとんどよ」

「ギクッ！」

「人が耳を傾けるのって、やっぱり実際に聞こえる声や態度でしょ。だから、人間に動いてもらって、伝えてもらわないといけないのよ……」

そう言い終え鋭い視線でギラリとこちらを見る、木花開耶姫の姿が目に入ってきました。

「や、や、やりますよ〜。でも、神さまって万能なイメージがありましたけど、できないこともあるとは……。でも、どうしてそんなに人間たちと仲良くなりたいんですかぁ？」

「人間を愛しているからに決まってるじゃない。そして人間は私たち神さまの子どもたちなのよ」

「へぇっ？　こ、子ども！　ってことは、私たち人間はみんな神さまと血が繋《つな》がってるってことですか？」

「当たり前じゃない。『古事記《こじき》』でも読みなさい。ぜ〜んぶ、そのことが記されているわ」

「神さまに愛されている」。そんなひと言がなんだかうれしくなった私は、続けざまに日頃の疑問をぶつけてみたのでした。

「神さまって、なんだか怖いイメージがありました。〝なんでもお見通しよ。だから悪いことしたら、罰を与えてしまうわよ〜〟みたいな」

「**私たちの立場が、あなたたち人間より上とか下とか偉いとかはまったくないの。**もちろん、人間より高い知恵を持った存在だし、全てを見ているからお見通しよ。でもね、ただそれだけのことよ。高い知恵を持っているから偉いなんて決めたのはむしろあなたたち人間のほうよ」

「ほほ〜。で、神さまってどれくらい高い知恵をお持ちで？」

「例えば、あなたたちが普段考えつくことって、過去に起きたことや、あなた自身の体験、考え方がベースになっているでしょ？　つまり、あなたたち自身の目線の高さの延長線上で生きている。
だけど、神さまは、もっと〜っと高い視点で様々なことを見渡しているの。
そして、その見方のことを『**賢さ**』とか『**叡智**《えいち》』って呼んでるのよ」

「え？　ってことは、私たち人間が、いろんな視点で物事を捉えられれば、あなたたち

みたいな神技を使えるようになっちゃったり⁇」

「そう。その通り!!　人間も自分の**『過去の経験』**や**『生まれ育った環境』**にとらわれたり、**『こうあるべきだという既成概念』**や、**『周りの目』**から解放されれば、叡智を受けとれるの」

「え〜でも、頭では分かってても、実際にできないのが私たち人間なんです〜。やっぱり世間の目が怖いっていうか……」

「大丈夫。私たち神さまはどこにだっている。いつだってあなたたちを見守ってるわ！　たまたま今は『神社』という場所を借りているけれど、必要とされれば〝すぐに〟〝どこにでも〟登場できる。目に入る全ての景色に、それこそあなたが作ることになる本にだって、宿るのよ。そのことを**『八百万《やおよろず》の神さま』**って言うのよ。

だから、私のことが視える人や、神さまと話ができる人は私たちのことをこんなふうに言うわ」

「え？」

「〃神さまって**近所のおばちゃん**みたいな身近な存在〃ってね」

「近所のおばちゃんかぁ。うまいこというわ（笑）」

妙にこの言葉が腑に落ちた私。それもそのはずです。だって、神さまって、うるさいし、急に出てくるし、世話焼きでめんどくさい！　そしてなにより声がでかい!!　**うんうん。これって、寸分の狂いもなく近所のおばちゃん**ですよね!!

「近所のおばちゃん」と聞いて、緊張の糸がほぐれた私は、一気に踏み込んだ質問を投げかけました。

「ねぇ、開耶のおばちゃん。それで私はこれから具体的になにをすればいいわけ？」

「こらー！　おばちゃん言うな。〃おばちゃん〃は物の例えよ。例え!!　私は花のように美しいお姫さま。コノハナサクヤヒメよ、**サクヤヒメッ!!**
私に話しかける時は『キレイなお姫さま』って言いなさい」

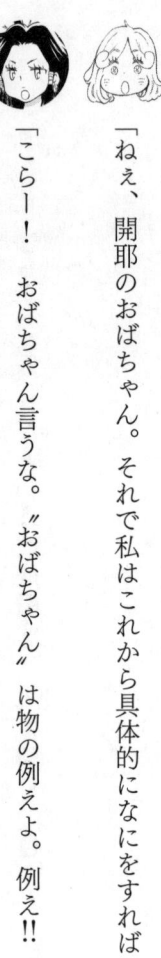

（もう、ホントめんどくさい。キレイって言わないとダメだとか。だからおばちゃんは……）

「こらっ、おばちゃんって言ったわね！」

「いいえ、いえ、なんでもありません。キレイで美しいお姫さま」

「よろしい。あ、そうそう。その前に。今回、あなたがここ浅間大社に来てくれたでしょ。それって、神さま試験の1つでもあったのよ」

「えーーー！　なになに、神さま試験って？　私、神さまになりたいだなんて、これっぽっちも思ってないんですけどっ！」

人間が地球に来た目的とは？

「いいや、思い出しなさい。あなたは生まれる前に私たちと約束しているのよ。

〝空の上の世界（あっちの世界）と、地上の世界（こっちの世界）を繋げたい〟ってね。それってまるで神のやるべきことそのものじゃない。

だから、私たちはその約束を、この地球で実行してくれるかどうか、固唾《かたず》を飲んで見守っているの。

白龍に連れて来られたんじゃない。あなたは、自分で決めて、ここにやって来てるの。

生まれる前の約束を果たすためにね。

その重要な鍵となるのが、あなたが書くことになる『本』よ。きっとあなたは、この冒険を本に書くことになる。そして、それは人間を変える大きなきっかけになるわ」

「えーー？　本!?　まだ1冊目すら出てませんけど!?」

「私には視えます。そして、『本』を書く道のりにはあまたの試練が現れるでしょう。本当の自分を試されるのです。それでも進みますか？　それとも進みますか？」

（え、えっと〜、聞き間違いでなければ〝進む〟の一択なんですけど……。こんなにお美しい姿なのに、考えることはドＳ！）

「あら。お美しい姿だなんて。どうもありがとう♡　で、どうするわけ？　進むの？　それとも……」

「分かりました！　進みます！　進ませていただきます！」

なんとまあ、めんどくさい存在に絡まれてしまったことでしょう……。

こうして、神さまに代わって「あっちの世界」と「こっちの世界」を繋ぐ本格的な冒険が幕を開けるのでした。

はあ…また神さまのお遣い…めんどくさいな…
言っておくけど華香
私たちは「神さまのお手伝いをしたい！」と決めた人に動いてもらってるのよ
また心の中読まれてる…
でも私そんなこと決めてな…
決めてるわよ生まれる前に
えええー！
よく神さまのお手伝いをする人のことを特別視する人がいるけど
霊能者
あの人すごい…
選ばれし人…
「そうする」と決めた人が動いてるだけなの
ただ単に「決めてる」だけ
神に一生仕えます!!
だから生まれる前じゃなくても
そこ！そこの あなた！
今からでも「神さまのお手伝いをしたい！」という人私たちはウエルカムよ！
問題は華香みたいに「約束」をすっかり忘れてる人ね
キレイさっぱり忘れています

それはね
生まれる前の
約束を
覚えていないほうが
この地球上で
感情を味わう
ことが新鮮で
楽しいから
皆忘れているの
見たこと
あるから
退屈…
ふあぁ…
映画もオチが
分かったら
楽しくない
でしょ？
た、確かに…
人が生まれる目的は
「神さまとの約束を
果たすため」が
大きいの
今回は
この目的を
果たすぞ！
だから
その約束を
思い出して
動くと
物事が
全て順調に
動くのよ
だってそれが
本来の
あなただから
そのためには
神さまも
協力を
惜しまないわ
な、なるほど…
でも私のように
約束を忘れた
人はどうしたら
いいんでしょう？

特別授業 1 生まれる前の約束の思い出し方

講師 木花開耶姫

ねえ、あなたも「生まれる前にしてきた約束」を知りたくな〜い？
それってね、思い出すのは簡単なの。だって、あなたの半径5メートルにヒントはバンバン隠れているんですもの！

❶ 自分の下の名前に刻む

興味関心のあることや、心ひかれること。そして自分の名前＝氏名＝使命《しめい》に今世やりたいことの約束が隠されているの。そして、どう隠されているか、それを紐《ひも》解《と》くポイントは次の3つ。

A　漢字の意味でキーワードを託している

(例) 華香の場合

「華」＝人の個性や才能、本来の姿を思い出させる意味

「香」＝伝達を示す、命を次々と生み出すという意味も含む

B　音の意味で残している

氏名＝使命のように1文字ずつの「音」の波動の意味を合わせてみる

(音が持つ意味は調べてみてね)

C　言葉の意味で残している

「ひかり」＝周りを照らす意味など

でも、名前に託した意味がどうしても紐解けなかったり、自分では分からないこともある。そんな時は次に紹介する❷や❸を参考にしてみてね。

❷興味関心のあることで刻んでる

人によってなにが好きか、趣味も千差万別でしょ？　ここに重要なヒントが隠さ

れているの。その人が持つ本来の感性や感覚、個性を辿《たど》っていくと神さまとしてきた約束に辿り着くようになってるわ。

❸ 子どもの頃、興味関心を持っていて好きだったことを思い出す

子どもって空の上から地上に来てまだまもない存在。だから、あっちの世界の記憶がまだ残っていることが多いの。子どもの頃、なにに熱中したかしら？　無条件で楽しかったことはなに？　そこに重要なヒントが隠されているわ。

ここまで説明してきたことももちろん大事なんだけど、もっと大事なことを紹介するわ。それは、**「生まれる前にした約束は存在する」、そう信じること。**そうやって「ある」と前提を変えるだけで、エネルギーが漲《みなぎ》って循環するの。するとより気づきやすい状態になる。さらに、こうやって自分にすでに内在している物を信じることは、**「自己受容」**にも繋がっていくわ。

では、次に神さまのメッセージを受けとるコツをお伝えするわね。

授業はまだまだま続くわよ〜！

特別授業

2 神さまの声を聞いて仲良くなる方法

講師 木花開耶姫

次にお伝えするのが、「神さまと仲良くなる方法」よ。神さまの声が聞こえることは怖いことなんかじゃない！　ここまで読んだあなたなら、そのことはとっくに理解できているはず。

❶ 神さまの前提を変える

「神さまは私たちを愛してくれていて、いつも助けようとしている」

神さまと人間の関係も信頼があってこそ。神さまのことを信じない人間に、やっぱり神さまも心を開きたいとは思わないの。だからまずはあなた自身が神さまに心を開いていくことが大事。

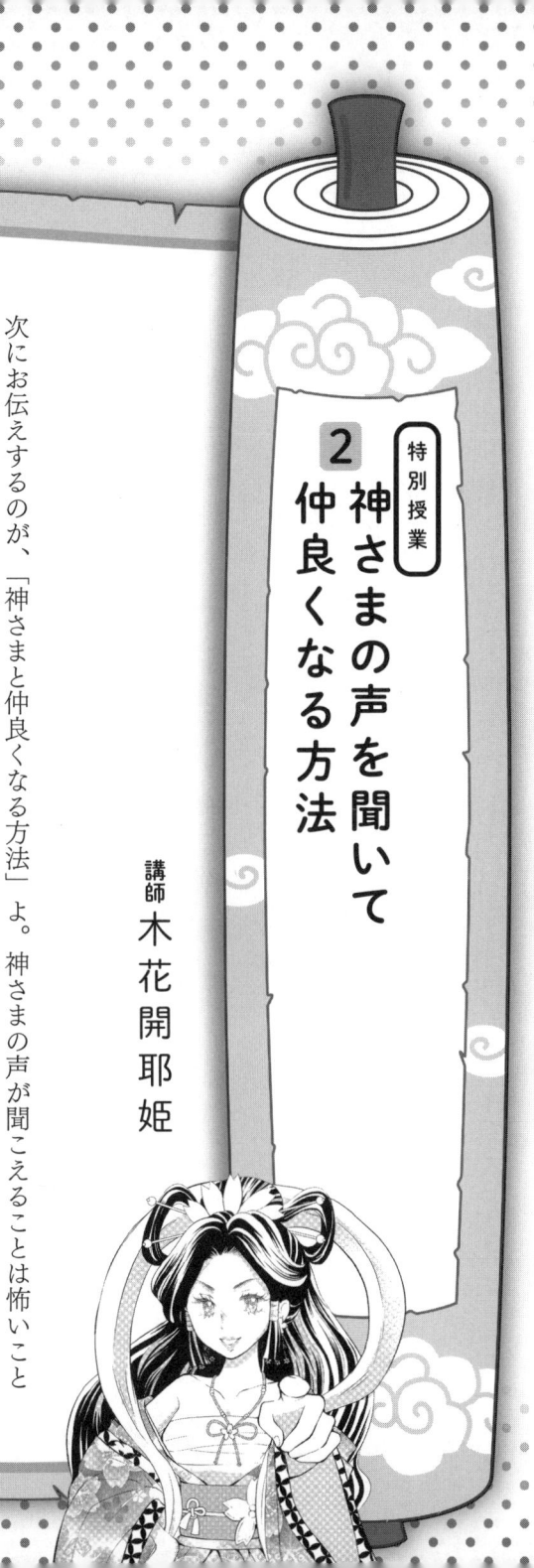

❷神さまの見た目はあなたの好きな存在でＯＫ

神さまってどんな見た目かしら？　ヒゲぼうぼうのおじいさん？　それとも私みたいに美しい女性？　じつはね、神さまの見た目はあなたが決めてしまっていいの！　天使でも女神でも、ブッダだって、イエスキリストだって、それこそ近所のおばちゃんだっていいわ。無理に「神さまはこの存在！」って決めると、逆にそのイメージに引っ張られて、やって来るメッセージを限定したり、受けとる時にブレーキがかかってしまうの。

あなたの心の中で一番しっくり来るイメージやビジョンでＯＫよ。

❸個性や感覚を大切にする

神さまの存在は肉体の目に見えない人がほとんど。神さまは三次元の存在ではないから物質の目で見ている感覚とまったく違うことが原因よ。

人のオーラやエネルギーも物質ではないから、目の視覚情報としてキャッチしづらいでしょ。だからこそ、こういう場合、その人の個性が使われる。

大きく分けて察知する方法は次の５つ。

視覚型： 目で情報をキャッチするのが得意な人は、オーラなど三次元ではない存在が視えたり、または心の目で感じたり、情景が浮かぶ

聴覚型：聴力が優れている人は、キャッチしにくい音の周波数が聞き取れるので、音や声で聞こえる
嗅覚型：匂《にお》いに鋭い人は、優しい香りや花の香り、独特の香りで感じる
触覚型：体感が優れている人は、温かさや触れられたような肌感覚、すべすべ感や重さで感じる
意識型：なんとなく「分かる」「知っている」という、うっすらとした情報を取り入れるのが得意な人は、メッセージが文字化したり、文章で受けとる人もいる

人によって様々な形で感じとったり、分かったりするの。

逆に言うと、人と見え方（視え方）、感じ方が違っても、それは間違っているわけではなく、個性の違いだから大丈夫。

それぞれが違うからキャッチする方法も異なって当然なの。

❹ 場のエネルギーや、集合意識を使う

私たちには「集合意識」という深いところで共通認識となる知識が存在しているの。例えば日本人でいう神さまって、胡座《あぐら》をかいた「お釈迦《しゃか》さま」が多いでしょ？　でもそれは、それぞれのイメージや体験が入った「引き出し」の中にお釈迦さまの情報が入っていて、み

んなでその引き出しの中身を共有し合ってるの。

「流行」とも似ていて、まったく違うところにいる人たちが同じようなことに興味を持ったり、言いはじめるのも集合意識なの。

華香の例でいうと、神さまがあれこれ言う内容と、『古事記』や『日本書紀』などで語られてることが一致することがあるらしいけど、それも語り継がれていることを受けとる情報の賜《たまもの》。日本人特有の集合意識から引き出されているのよ。

❺神さまからのメッセージは本物なの？

メッセージを受けとったけれど、これは思い込み？　それとも本当のメッセージ？　と疑いが出てくることがあるでしょう。

これは選別が必要ね。その選別のポイントは**疑いが出るようなら嘘ってこと。**逆に言うと、本当のメッセージの時は疑いがあなたの中に出てこないはずよ。

❻「証拠をください」とお願いしてみる

心のどこかで本当のメッセージだと分かっていても、やはり疑いがぬぐえない時はどうしたらいいかって？　そういう時は、何度も何度もしつこく私たち神さまに「証拠をください」って聞いてほしいの。

例えば、「このメッセージが思い込みかどうか、分かりやすくはっきりとしたサインをください」というふうにお願いをしてみて。

そしたら、なにかしらのメッセージを必ずあなたに送るわ。

ただし一度オーダーしたらそのことは忘れないでね。そうすれば、答えを受けとる準備や答えを見落とさないことに繋がるでしょ。

❼ 身の回りに起こる全てがメッセージ

あなたの身の回りに起きることは全てがヒントよ。

●数字の羅列

たまたま目にした時計の数字が555と揃《そろ》っていた。

レジでの買い物が3333円だった。

ゾロ目は通称、神さまからのメッセージ。

数字は、そこに秘められた独特のエネルギーや成り立ち、周波数など宇宙の仕組みと連動している。人の運命と、数字との関わりもとっても深いわ。

だから、その宇宙の中に命を持ち、生きている私たちへのメッセージが数字に込められているのは自然なこと。

こんなふうに数字が揃ったり重なったりするのは「順調だよ」「大丈夫だよ」とメッセージを送っているのよ。

●浮かぶ、気になる、引っかかる、夢に出る

明確にイメージできることもヒントなのよ。人が想像できることは願いが叶ったりＯＫのサインなの。逆に、どうしても想像できない、気にはなるけど心が動かない、どうすれば良いか分からない場合は少し距離を置いてみてね。

一旦、距離を置いても、どうしても気になる、心に浮かぶ、夢に見る場合、それはＯＫのサインと受けとってね。

●同じ言葉を見かける

同じ言葉をよく目にするようになったらそれもヒント。それはたまたまじゃないわ。偶然の一致よ。

例えば、あなたがフラワーアレンジメントをやりたいとするでしょ。

そしたら、たまたまつけたテレビでフラワーアレンジメントを特集してたり、乗った電車の中吊《なかづ》り広告にフラワーアレンジメントについて書かれていたり、ぱらっとめくった本にフラワーアレンジメントが載ってたり、開いたＳＮＳで友達がフラワーアレンジメント

のことを書いていたり、写真を載せていたり、つけたラジオから、花にまつわる曲がずっと流れてきたり。

ここまでくるとそれはもう「やりなさい」という神さまからのメッセージそのものよ。

このことを人間の世界の専門用語でシンクロニシティー（共時性）と言ったりもするわね。

❽ 神さまと繋がりを深めるスタイル・場所ってあるの？

神さまと繋がったりメッセージを受けとる時って、

「神さま。さぁ来い!!　繋がってやるぞ」

こんなふうに気合いを入れる人もいる。だけど、そうやって気合いを入れすぎると受けとる時の器が固くなっちゃって、メッセージを受けとりにくくなっちゃうことがあるわ。

気合いを入れることは、決して悪いことではないんだけど、神さまと繋がるって「自転車をこぐようなもの」なの。

一番最初にあなたが自転車を乗った時のことを思い出してみて。

自転車をスイスイ乗れるようになる時って、自然体で肩に力が入ってないリラックスしている時じゃない？「絶対に乗ってやろう！」って思うと腰にも力が入るので、ガタガタして転びやすくなっちゃうでしょ。

大事なのはリラックス。まずは深呼吸から始めてみてネ。

❾ どうやって現実にしていくの？

あなたに三種の神器を与えるわ。
「疑わない」、「考えない」、「すぐやる」

多くの人はメッセージを受けとっても、そのまんまにしてしまう。

要は行動に移さないの。するとそのうち「めんどくさいから後にしよう」とか「やっぱり無理」とか「気のせいだった」とか様々な言い訳をつけて、自分の思考を優先してしまう。

それは、これだけ便利になった現代の代償でもあるわ。だって神さまの力を使わなくたってなんなく生きていけるでしょ？　だから鈍化しちゃってるのよね。

するとますます、思考が優先されて、せっかくのメッセージを受けとっても大事にしない。

でも、生まれたばかりの赤ちゃんや子どもたちは、「疑うこと」がないからすぐに行動に移せるでしょ。

見習うのはあの素直さと行動力よ。

この瞬間に浮かんだ願いが「最適な願い」

「あの〜、たくさんの講義をありがとうございました……。
（もぞもぞ）それで、今さらなんですが、めっちゃ素朴な質問があるんです」

「なぁに、もぞもぞして。トイレ？　とっとと行ってらっしゃい。神さまと話す時はリラックスが一番って言ったでしょ？」

「じゃあ、心の疑問をすっきりとさせたいので、ここで思い切って本題を。
あのっ‼　神さま‼　神さまにお願いごとってしてもいいんですか？
そして、そのお願いってちゃんと叶えてくれてるんですか⁇」

私、この質問をした時、なんだか清水《きよみず》の舞台から飛び降りるような気持ちだったんで

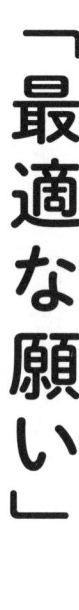

す。だって、神さまに直接、お願いを叶えてくれるの？　って質問するなんて、がめついことこの上ないじゃないですか！　でも、そんな質問に返ってきたのは、とっても意外な答えでした。

「もちろん、神さまはあなたたちの絶対的な味方よ。だから**あなたが望むお願いを言ってもらいたいし、叶えたいっていつも思ってるの。**ただし、条件はもちろんあるわ。

人にお願いをする時を考えてみて。いきなり不躾《ぶしつけ》にお願いだけする人ってあまりいないわよね？

こちら側を信用してくれたり、ありがとう、とお礼の心を持ってくれると、嬉《うれ》しいでしょ。

そして、神さまと一緒に地球を良くしたいって約束したことを守って動いてる人のお願いは、優先して聞きたいと思うのよ」

「なるほど。神さまとの関係は人間関係に似てるのね。いきなり不躾に、お願いだけされたら、やってやるものかって私なら思っちゃう」

「あと、その時に一番合ったお願いをしてもらうとスムーズに行くわ」

「と、言いますと？」

「例えば、これとこれをお願いしようって決めて参拝に行っても、神社のように『気の良い所』に行くと、その時のエネルギーや自分の感覚が研ぎ澄まされていくでしょ。すると、今のあなたに合った、必要なお願いごとが浮かぶことがあるの。

その時、浮かんだお願いが、一番強く、叶いやすい、今のあなたに合ったお願いなのよ。

だから、絶対にこれをお願いするんだって執着したり頑《かたく》なにならないで、その時に自然と出てきたことをお願いするのがいいわ。

何度も言うけど、私たち神さまはあなたたちの味方だし、いつでも助けようとしているのよ。どう、華香。少しは分かったかしら？」

「ええ分かりました、木花開耶姫。神さまが私たち人間を大切に思い、愛してくれていて、いろんなメッセージを送ってくれているサポーターだってことがね」

「**おーほほほほほほ!!　その通り。**」

どう、それでもあなたは、神さまのことが『怪しい』と思う⁇」

「その高笑いは十分、怪しいですけど」

「うるさい！」

「そういえば、この間、私の娘がこんなことを言ってたの。

『ママ、学校のみんなは神さまの声が聞こえないって言うけど、生きるのに神さまが一番良い道を教えてくれるじゃない？　その声が聞けてないって、大変だよね。

　でも、みんな元気に楽しそうに生きている。

　ってことは、やっぱりみんな神さまの声を聞けてるってことだよね』

って。今になって、その言葉の意味がなんだか分かる気がしたの」

「そう。それが神さまと友達になって神さまの声を聞くということよ。神さまはみんなをサポートするために、いつも味方をしている。
　そしてみんなも、気づかないけどメッセージを受けとっているの。
　よーく大事なことに気づきましたね。それでは、このステージ『神さまの声を聞く方

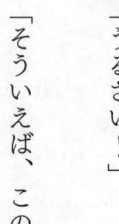

法』はクリアとしましょう♡

あなたにこれを渡すわね。今度はこれを持って山奥へ行ってらっしゃ〜い!!」

そう言って、私に小槌《こづち》を渡すと、木花開耶姫は、姿を消しました。

「よ〜し華香、ボクたちも帰るとするかあ」

そんな声が聞こえてきたのは、ちょうどその時です。後ろを振り返ると、私の背中にぴったり張り付いていたのは、白龍です。

「ど、ど、どういうこと〜！　約束通り、連れてきてあげたじゃん。なんで、お姫さまと一緒に消えてないのよ〜！！！！！！！！」

木花開耶姫が姿を消した浅間大社には、私の悲痛な叫びだけがこだましました。

木花開耶姫には謎の小槌を渡されるし、白龍はぴったり背中にくっついているし。

私のこの旅はまだまだ終わりそうにありません。

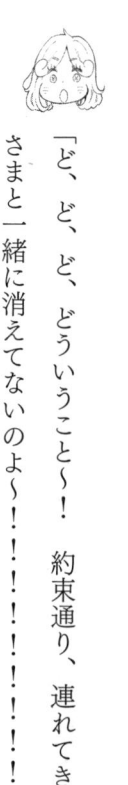

華香は「打ち出の小槌」を手に入れた。

打ち出の小槌の使い方

「お金」を手に入れるのに、いつか重要になるアイテムらしい

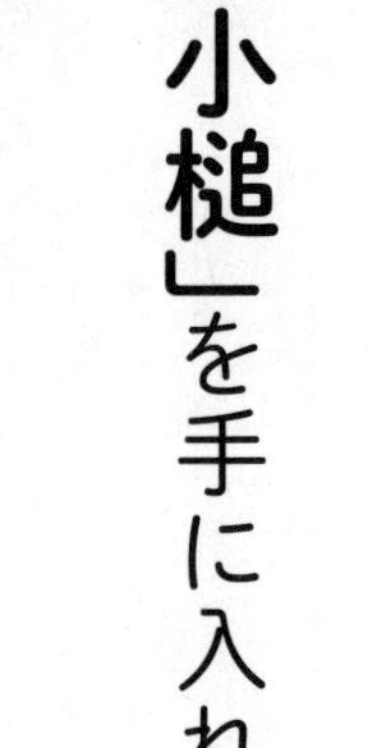

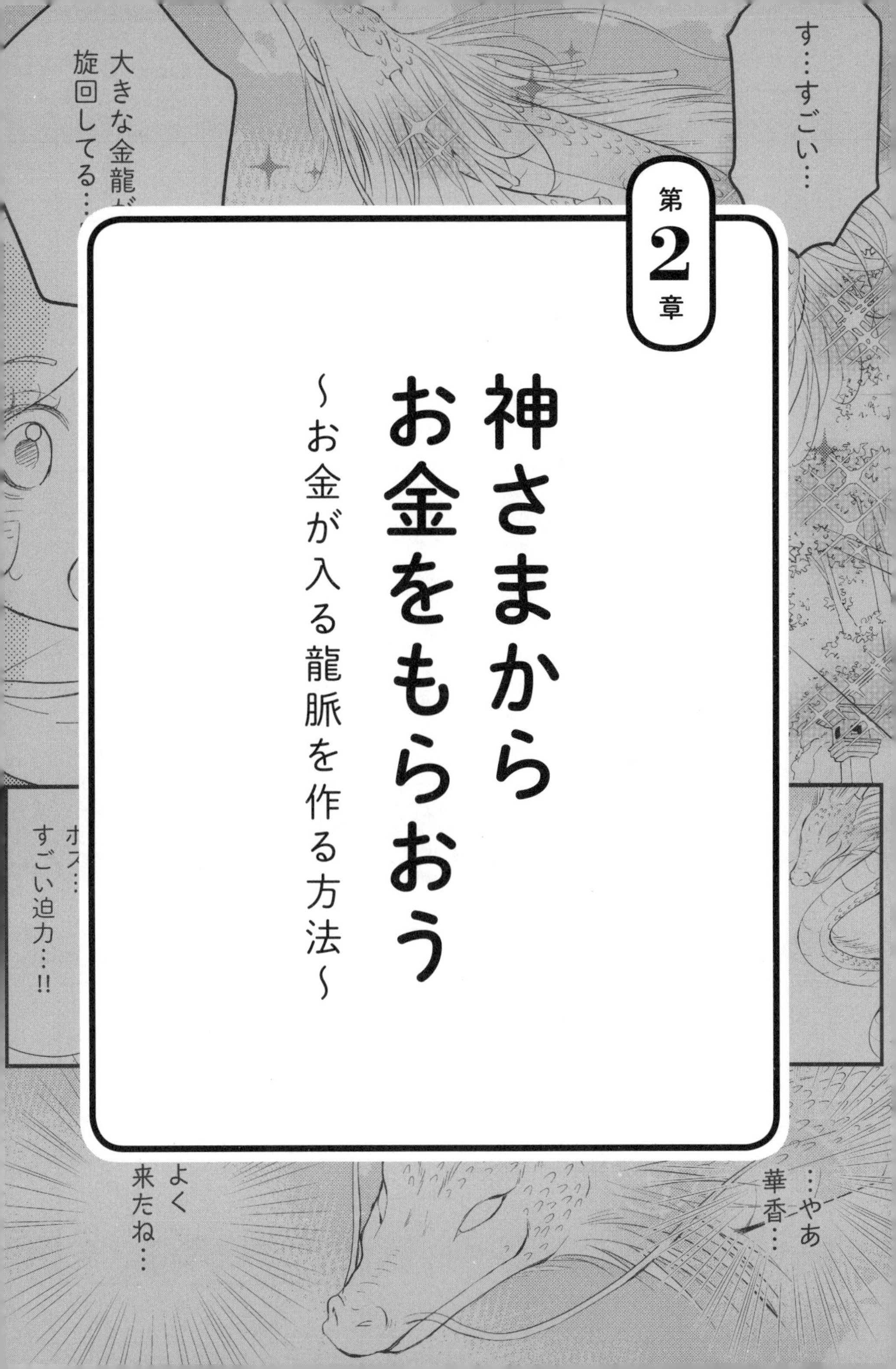

第2章

神さまからお金をもらおう

~お金が入る龍脈を作る方法~

私と白龍は
秩父の三峯《みつみね》神社
に来ました
少し進むと
…ん？
お…狼《おおかみ》が
整列している
——!?
ズラーーー…
華香《はなこ》さん
ボスが中で
お待ちです
は、はい
さ、早く!!
本殿に
お参りして
神さまの
お遣いで
きました…
眺望のいい
場所に
移動すると
——…
…ん？

す…すごい…
大きな金龍が旋回してる…!!
バチッ
マ…マズイ…目が合っちゃった
しかしさすがボス…すごい迫力…!!
…やあ華香…
よく来たね…

私はお金の流れを司る金龍…
この高い峰から日本の経済の龍脈を作っています
皆がお金を愛し喜んで循環できるよう豊かで住みやすい日本に整えています
金龍さまってめっちゃ紳士的…♡
ほわ～♡
なんか言った?
こいつ(白龍)とは大違いだわ!!
あなたがお金について自分で考えはじめ
お金の本質を聞けるようになるまでずっと待ってましたよ
え? お金?
お金… 私の超苦手分野なんだけど…
大丈夫かな!?

どうして〝あの人〟だけがお金持ちになるのか？

目の前に現れた金の龍。恐れおののく私をよそに、さっそく金龍は私に重要なことを語りはじめました。

「これからの時代は、ただ、お金を使うのではなく、お金の捉え方がとても重要になってきます」

「捉え方？」

「例えば、買い物。なんでもかんでも買えばいいわけではないのです。

そして同様になんでも節制すればいいわけでもありません。

なんのためにお金を使うか、『1つ1つお金の使い道をしっかり考えること』そして、『お金を使うことで、どうなっていきたいか』を照らし合わせていくことが重要です。それによって、あなた方のお金がより循環していくようになるでしょう。

さあ、華香さん。預かってる打ち出の小槌を私にいただけますか？」

なにに使うか分からずに木花開耶姫から受けとった、打ち出の小槌。出番はここにあったようです。

（渡したら、お金が泉のようにわんさか湧《わ》いてきたりして……。でもそうなると、人から〝強欲な女〟だなんて思われないだろうか……）

そんな淡い期待と不安を抱きながら、私は打ち出の小槌をそっと取り出し、金龍にお渡ししました。

すると金龍は、私に対して、ドキッとするひと言を投げかけたのです。

「どうしてお金をそんなに汚いものだと思っているのですか？　私たち神さまもお金が大好きですよ」

このひと言に驚いたものの、じつは心当たりもありました。

というのも、全国のママたちの悩みを聞いていく中で、もちろん子育てや夫婦関係、それにママ友などの人間関係の悩みはたくさんありました。

でも、「お金」についての相談もとっても多いのです！　ただ、お金って、ママさんたちからすると、なんだか「汚い」ってイメージを持っているみたいで。声を大にして「お金が欲しい！」って言えないみたいなんです。だから、相談する時はいつも「2人っきりで相談したいんです」とか、「他のママさんたちには言わないでほしいんですけど……」とか、なぜかヒソヒソ話。

強欲な感じがしてしまうのでしょうか。「お金が好きな私＝欲にまみれたエゴの塊」みたいな？　そんなことを考えていたら、このところ私まで「確かに、お金好きってなんだかイヤらしい感じがする〜」と思いはじめていたのでした。

金龍はそんな私の本心に気づいてか、続けざまにこんなことを教えてくれました。

「私たちから見たお金というのは、**あなたたちを幸せにする道具だと思っています。**

そのために、神さまや私たちご眷属《けんぞく》と言われる神さまの一族であり、家来のような存在は、『お金』という道具を通して、この世界をより住みやすく、より早く良いものを循環できるようにしているのです。

そして神さまたちの一番のお願いは、

『あなた方に幸せになってもらうこと』

これはずっとずっと変わりません。

だから、『お金が欲しいです』とお願いをしても、嫌な顔をする神さまはいません」

「わぁ。嬉しい♡　神社で『お金が欲しいです！』だなんてお願い、『やらしくないのかな〜』

なんて思いはじめていたところなんです。これからはどんどんお願いしちゃいます！　でもね、金龍さん。お金のお願いって叶わないことが多い気がするんです。だって、お願いした金額が入ってこないことがほとんどだし……。

それってひょっとして、神さまたちは私のことを愛してないから……？」

「いいえ、そんなことは決してありません。神さまたちはあなた方のことが大好きです。華香さんが必要なら、その分を届けたいと思っています。そしてそのお願いもちゃんと届いてますよ」

「じゃあ、なんでそうならないの？　おかしいよ！　だったら神さまにとって『お金』っていったいなに？」

私のこのひと言をきっかけに、金龍さんのお金の授業が始まることになったのです。

お金はあなたが自分らしく生きる必要経費

「お金とは、あなたたちが望むことや生きるために必要なものを手にする便利な道具です。
でも、これを私たち神さまの言葉に言い換えると……。
神さまからのお願いごとを、この世界で叶えてもらうためのものだということ」

「はい？　どういう意味？」

「あなたにはまだこれだけでは伝わりきらないのですね。それではもう少し分かりやすい言葉にしましょう。
『お金はあなたがこの世界を楽しむ必要エネルギー』なのです。そう……いわば必要経費だと言えますね」

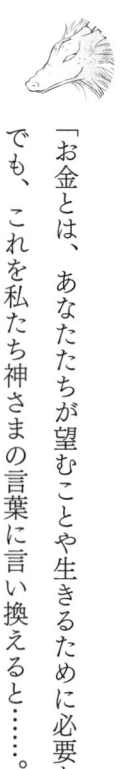

「ん〜もうひと声！」

「経費というのは、事業をする時にかかるお金のことですよね。

神さま的に言う『事業』というのは、**あなたがあなたらしく『生きること』『喜ぶこと』『幸せでいること』**なのです。

これがあなたの最大のお仕事（＝事業）です。そのために神さまは『お金』というシステムを人間に授けたということです」

「えっと、平たく言うと、私たちが幸せになるための**道具＝お金**ってことね。

そう考えると、お金って神さまからの愛がたくさん詰まっているってことになりますね。ジーーン（涙）」

「ようやく理解しましたね」

「でも、金額の『高い』『安い』によって成約率は変動するのですか？　例えば、『安い』ほうが叶いやすく、『高い』ほうが叶いにくいみたいな。そして、なんだか『高い』ほうが叶いづらそう！」

「ははは。神さまの世界では金額の『大小』というのは存在しません。
　金額より、あなたが『なにに、どれくらい使いたいか？』というのが重要なのです。
　さきほども言いましたが、あなたが〝あなたらしく〟生きるために必要な経費がお金。それが『値段』になるのですから。あなたらしく生きることに見合うのであれば、我々に値段などは関係ありません」

なにどれだけ使いたいかが金運の分かれ道

「そういえば私、仕事でどうしても首が回らなくなって、早急に30万円が必要になったことがあったの。その仕事は自分にとって、とっても大事な仕事で、絶対に手放したくなかった。

そんな時、タイミング良く、神社でお稲荷《いなり》さんに『いくら欲しいんだ⁇』って聞かれたことがあって。

その時迷わず『もちろん30万‼』って答えたんですよね。そしたら、しばらくした後、本当にありえない経路で30万円が入ってきた‼

そのおかげで仕事はなんとか一命をとりとめた」

「ええ、そういうことです。『値段』というのは、あなたがあなたらしく生きるため（活動するため）の、必要経費。

そして神さまも、そのお金をどのように生かすのか、本人がはっきりしてるほうが手渡しやすいのです。ちょうど、華香さんの30万円の時のようにね。

神さまは、あなた方の父や母のような存在です。かわいい子どもたちが必要な分は、ご両親もお金を出してあげたいと思いますよね。

これもまたあなた方の両親たちと同じようなことを言いますが、我々神さまにとってなにに使うか分からないお金や、お金をたくさん渡すことで、逆にあなたらしくいられなくなったり、自分をダメにしてしまったりするような時には、渡すのをためらうのです」

「わぁ、本当に親みたい……。私にも最愛の娘がいるから分かる。確かに、親の愛ってお金を渡したほうが良い時と、渡さないほうが良い時、子どもの成長に合わせた見極めってあるものね」

「はい、何度も言うように、神さまにとって金額が『高い』『安い』の尺度では見ておらず、『あなたがその金額を手にして本当に幸せになるかどうか』という尺度で見ているのです。また、お金がないことによって、学ぶこともあるからです。

そして正直な話、神さまにとって10円も100万円もあまり変わりません。なぜなら神さまは『減る世界』ではなく『無限の世界』にいるからです。
いわば**お金は『エネルギー』**です。あなた方に届けるエネルギーをお金として置き換えているだけなのです」

「でも、〝自分らしく生きる〟こととは関係なく、なぜかお金を〝サクサク〟と手にしちゃう人もこの世の中にいませんか？　ひょっとして、お金に好かれる人、嫌われる人っているんじゃないですか？」

「まさにその通りです！　人も『自分のことが好きな人』のところへ行きたくなりますよね。また自分のことを大切に扱ってくれたり、今の自分に必要なことを伝えて、導いてくれる人のところに行きたいなぁと思うのが自然です。
お金もまったく同じです！　お金に対して『あなたに好意がありますよ』という人のところへ、さらに仲間を連れて遊びに行きたいと思うのです。そして、お金を喜んで送り出してくれる人のところへ行きたいな、と思います。
『人に好かれる人』と『お金に好かれる人』というのは似ている部分があって……それは、『人やお金が好きで大切にする人』なんです」

神さまが見ているあなたのキャッシュポイントとは？

「じゃあ、人やお金を大切にする人はお金持ちってことかしら？　お金持ちじゃない人って人やお金を大事にしてないってこと？」

「いいや、そうとも限りませんよ。じつはもう1つ、お金で大切なことがあるのです。**それはお金を愛する＝自分を愛するということにも繋がっています。**

・今のあなたが自分の存在をどれだけ喜べているか
・自分をどれだけ受け入れているか

この2つのポイントでもあなた方の必要経費が決まってくる。

例えば、ものすごく思いやりに溢《あふ》れていても、『私には価値がないから、こんなもんで

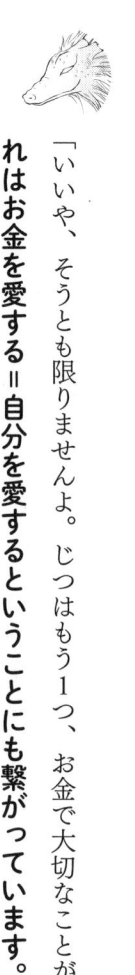

しょう』と小さく見積もっていると、自分で使う必要経費も少なく見積もってしまう。結果、自分に入ってくるお金も自分の価値で設定した金額になってしまうということです。一方、『私はたくさんのお金を手にするのにふさわしい！　もらっていい！』と深いところで自分を受け入れていると、必要経費を大きく設定できるので、金額も多くすることができるんですよ。

でも、さきほども言いましたが、そこに神さまが『この子にこのお金を渡して本当に幸せになれるか？』という、冷静で高い視点を持って「愛」を手渡してくれてることを忘れないでくださいね」

ここまで金龍さんのお話を聞いて、お金の正体が分かりはじめた私。でも、どうしても納得いかないこともまだあって……。

私は、そんな抜き差しならない思いを、意を決して金龍さんにぶつけてみたのです。

「あの金龍さん。お金がどういう存在なのか、というのはなんとなく分かりました。ただ、入ってくるお金より出ていくお金のほうが大きくて……なんだかいつも金欠なんです！これってどうしてなんでしょう？」

「なるほど、それは**お金に対する前提条件を変える必要がありそうですね。**

いいですか、お金は、なにかを買ったり売ったりするためだけではなく、人間の問題をどうにかするためにも使うことができます。

例えば、誰かに『あんなことしちゃって申し訳ない』といった罪悪感や、『私ってダメだわ』という自己嫌悪を抱えて生きていると、ついつい自分責めをしてしまいますよね。でも、その思いをずっと持ち続けるとむなしさが大きくふくれあがって、心と直結しているあなたの豊かさのポケットにぽっかりと穴が開いてしまいます。するとその穴を埋めようとして、お金をムダ遣いしたり、『申し訳ない』という思いをお金で補おうとしたり、どんどん出ていく量が大きくなっていきます。

誰かの心を繋ぎとめるためにお金を使っていないですか？　自分の価値を証明するためだけにブランド品などにお金を使っていませんか？　私はまだまだと言ってセミナーなどにお金を使ってないですか？

もしそうなら、お金の出方に問題があると言わざるをえません。いいですか？　もう一度言います。お金は、自分が自分であるための必要経費です。好きでもない物を持つことや価値証明のために使うのは〝あなたらしい〟とは到底思えません」

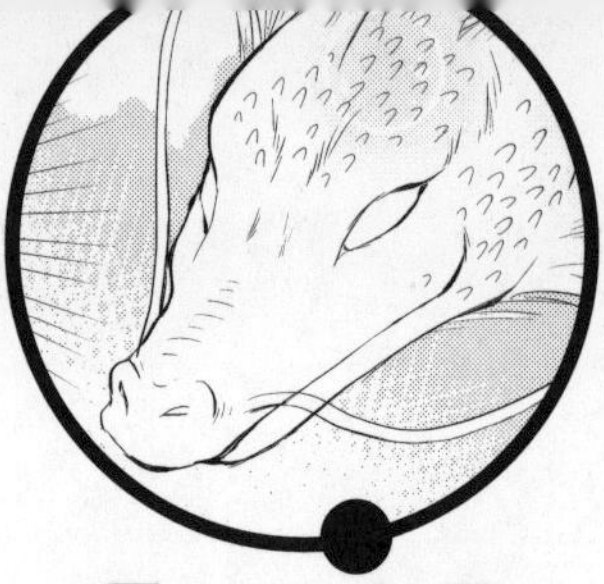

罪悪感とお金の根深～い関係

「それって私、ものすごく思い当たるところがある。

私ね、両親や、病気で私生活もままならない兄に対して、

『私ってダメな娘だわ。本当に役立たずな妹だわ』

そんなふうにずっと思ってた。頑張っても、良い子でいても、努力しても一向に家族が幸せにならないことばかりだったから。そして、その原因は『私の努力が足りないから』だと思い込んでいた。だから自分を責めつづけて、きっと心に大きな穴をたくさん開けてしまった気がする。

『至らない私でごめんね』っていう罪悪感から、働いて稼いだお金を家族に渡すこともした。それが原因で、お金が入ってきても、スルスルと出ていったり、その穴を埋めるために、また家族にお金を渡さないといけない状態が起きたり。

でもね、ある時気づいたんです。お金を渡している根底には、『家族はお金がなくてか

わいそうな人』として見ている自分がいるってことに！　それって、１人の人間である家族に対して、すっごく失礼な見方ですよね。さらにお金を渡すことによって、『**家族に必要としてほしい。認めてほしい**』って思いも隠れてた。

その時から、私は、家族を信用することにしたんです。具体的には、両親や病気の兄を心配してお金を渡すのではなく、親も兄も強いから大丈夫だって。そして私も愛し愛されてるから大丈夫。だから、本当に渡したい時にだけ渡すようにしたんです。

すると不思議なことに、私自身のお金の流れが変わったことに気づきました。

これはお金を渡さなくなったからお金が貯まった、ということではありません。私の収入自体が上がって、仕事も忙しくなりました。

これも、私の豊かさのポケットの穴がふさがったからでしょうか？」

「その通り。穴がふさがったから、あなた自身のエネルギーを回せるようになって、自己価値も上がったのです。だから仕事も回りだした。全ては繋がっています」

「そうかぁ。お金にまつわる経験を通して、**自分と向き合ったってことなのね。だから、必要経費の額も上がったというわけかぁ。**
心のポケットはお金のポケットに繋がっている。だから、お金のポケットの大きさも

ちょっとずつ広がって、今では必要経費を前よりありがたく、喜んで受けとれるようになったのね」

「華香さん、よくそのことに気がつきましたね。ではこれからこの話に付け加えて、私からお金を受けとる最大の秘訣《ひけつ》をお伝えします。さあ特別授業のスタートですよ」

特別授業

神さまからお金を受けとる最大の秘訣

講師 金龍

最大の秘訣!! それは、**「お金に対してのイメージ」**をどう持つかです。

例えば、「お金は汚いものだ」と思ったり、「人をダメにするものだ」という見方をしていると、

「お金は欲しいけど、手にすると不幸になってしまう。逆に苦労してしまう」

というマイナスな思いに直結してしまいます。

すると、神さまからしても「口では欲しいと言ってるけど、本当はいらないんだね」と解釈してしまいます。

そうなると肝心なのは、お金のイメージをどう書き換えるか、ですよね。それには次の3つ

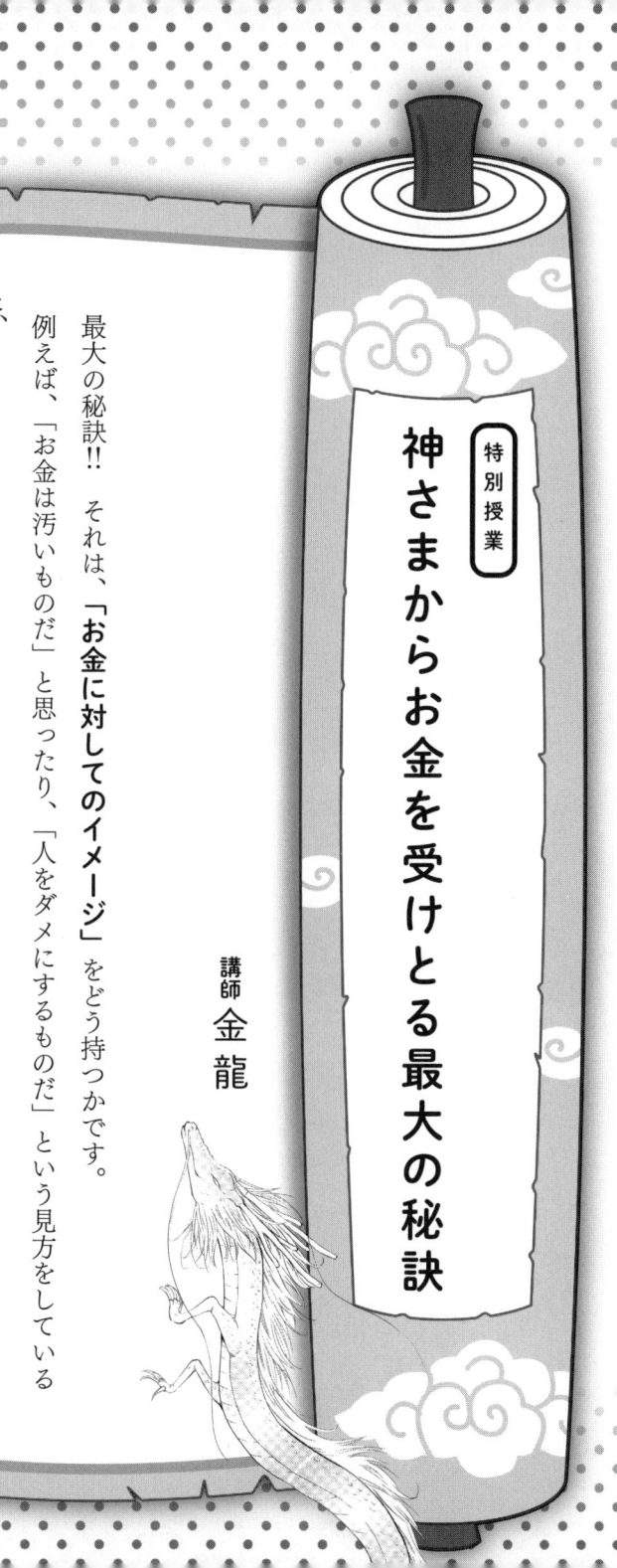

のポイントがあります。

❶お金のイメージは幼少期にできる

子どもの頃（特に3歳から7歳）に親はお金に対してなんて言ってましたか？

「家にはお金がないんだ」

「お金は人をダメにする」

様々なお金に対するネガティブなイメージを幼少期に植え付けられたかもしれません。

幼少期、親や大人はどんなお金との関わりをしていたか思い出してみましょう。そして、お金に対して幼少期が原因になっているようなら次の方法で書き換えてみましょう。

❷イメージを置き換える～言葉で意識を変える

あなたがお金に対して持ちたいイメージを言葉にしてみましょう。

例えば、「お金はキレイで幸せにしてくれます」とか「たくさん受けとって良いものです」などです。そしてそのイメージを3週間は持ち続けると良いでしょう。習慣化には3週間かかると言われています。それによって、新しいイメージをインストールすることができるのです。

❸「しっくり」くる値段を探す

自分の必要経費を探るという意味で、「○○万円欲しい」と願うなら、その金額が自分の中でしっくりきているかどうか、確認してみましょう。

確認方法は例えば次の質問を自分に投げかけてみてください。

・なぜその金額が欲しいのですか？
・その金額を手にしたあなたをイメージできますか？
・その時のあなたは心からの幸せと感謝を感じてますか？

もしその答えから、「必要！」と思えるならしっくりきている証拠です。しっくりこないなら、今のあなたの必要経費とは違い、ひょっとして世間の尺度や周りの人の意見で「欲しい金額」を決めてしまっているかもしれませんよ。

使い手が成長すると、背後の龍も成長する

特別授業が終わると、金龍は続けざまに私に問いかけました。

「お金について、少しは分かったかな？」

「う～ん。正直いって、たくさんの見直しや考え方があるから、もう少し時間がかかりそうだけど……。

でも、お金は私たちが幸せになる必要経費だってことはなんとなく分かった」

「それなら嬉しいです。**目に見えないエネルギーや感情をお金という分かりやすいものとして繫げているのがこの世界。**そうやって捉え方を変えることが始めの一歩としてとても大切なことです」

金龍のお金の授業の終わりを告げるように、背後から聞き覚えのある声がしてきました。

「華香〜、どうだった？」

そうです。白龍です。でも、その白龍の姿を見て、私は少しだけ違和感を抱きました。というのも、なぜか前より立派に見えたからです。

「あれ、白龍くん、なんだかたくましくなってない？」

「へへ。よく気づいたね。それもそのはずじゃん♪ なんせ使い手が成長すると、龍も成長するんだから。ボクの成長はすなわち、華香の成長を意味してんだよね〜。それだけ、いろんな神さまに会って、華香が成長してるってことさ。

ほら、金龍さんから華香に最後の挨拶《あいさつ》があるみたいよ？」

「お繋ぎありがとう、白龍くん。

それではこのステージ、『お金が入る龍脈を作る方法』はクリアとしましょう。

華香さん、これを渡しましょう。これを持って、今度は人生の流れについて学んでおいでなさい」

そう言って、金龍は「ボン」と私たちの前から消えていきました。

華香は巻物を手に入れた。

巻物の使い方

人生の地図が書かれているとか、いないとか

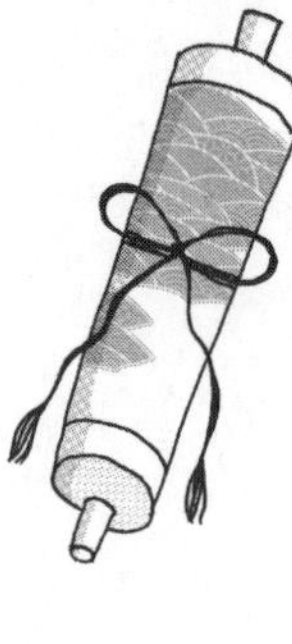

第3章

運命は人生の途中からでも変えられる

～人生の流れをつかむ方法～

そうして神さまから
いろんなことを教わり
預かり物をすること
数ヵ月——…
なにかの
大きな流れに
巻き込まれる
ように
日本各地を
飛び回り
日本全国のママたちのために
「胎内記憶と
スピリチュアル子育て」の
講演会に飛び回り
神さまからの
「預かり物」を
その近隣の神社へ運ぶ
怒濤《どとう》の日々——…
これって
忠犬ハチ公ならぬ
神さまの
お遣いワンちゃん？
忠犬華香。
めっちゃ
大変なん
ですけど!!
神さまの
人使いの荒さハンパない

なんせ相手は神さま
時間？
疲れ？
何それ？
私たち人間が持つ身体や時間の概念が全然ないのです
だから身体の疲れや時間も距離も無視してどんどんスケジュールを入れてくる！
え!? 次は北海道!?
ひ～
いえ、行きます行きますとも！
私、発見したのですが、神さま界にもSNSのような情報共有システムがあり
どこかの神さまが
華香《はなこ》よく働くなー
よし神さまインスタに投稿しよう！
ピ…
——と投稿すると…
ピ…
#華香 #よく働く
#クソ真面目
あちこちの神さまが…
この華香使える！
うちもお願いしよう！
うちもうちも！
わい
わい
——となるようなのです
偶然の出来事や暗号の解読をする日々——…
まさに神さまクエスト！
大変すぎ！

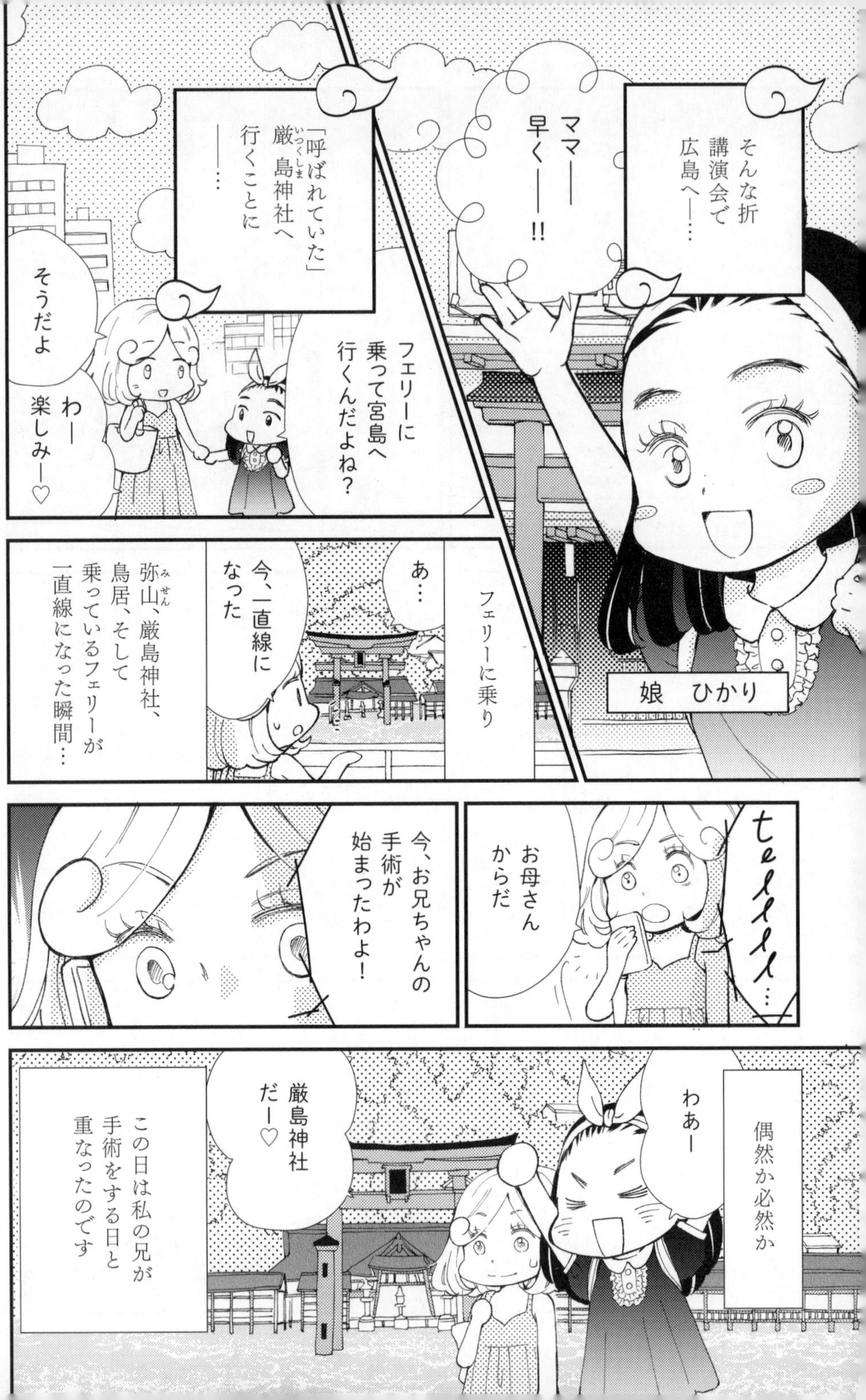

そんな折
講演会で
広島へ――…
ママ――
早く――!!
娘　ひかり
「呼ばれていた」
厳島《いつくしま》神社へ
行くことに
――…
フェリーに
乗って宮島へ
行くんだよね?
そうだよ
わー
楽しみー♡
フェリーに乗り
あ…
今、一直線に
なった
弥山《みせん》、厳島神社、
鳥居、そして
乗っているフェリーが
一直線になった瞬間…
tellll…
お母さん
からだ
今、お兄ちゃんの
手術が
始まったわよ!
偶然か必然か
わぁー
厳島神社
だー♡
この日は私の兄が
手術をする日と
重なったのです

社殿で娘のひかりと参拝――…
すると――…
華香
よく来たわね
私は市杵島姫《いちきしまひめ》
ここに祀《まつ》られている女神です
フワァ…
は、初めまして市杵島姫！
金龍から預かっている巻物を持ってきました！
うわああしっとりした美人さん…
わぁ～♡
待っていたわありがとう
ニコッ
グイグイ系の木花開耶姫と違っておしとやか！
あ？なんか言った!?
ポワ～
こっちのがモテそう…♡

華香…この巻物はね
ヒトの人生の設計図が書いてあるの
えー！巻物に？
人によっては木や葉っぱ、石に書いている人もいるわ
A4のコピー用紙の人もいるのよ（笑）
コピー用紙って…
雑だなあ…
それってどんな人も持ってるんですか？
誰もが持ってるわ
やっぱりこっちの道に行こう!!
神さまのお遣いをする
その人が大きく道を変える時は
巻物に書いてある人生地図の「道」も変化していくのよ
では華香の巻物を参考にレクチャーしていくわね
は、はい
有難うございます!!

華香は生年月日が4月12日旦那さんと同じね
これはあなたが旦那さんと結婚するために決めてきたのよ
オギャア
オギャア
ええ――！
家族関係で大きな課題を乗り越えるテーマがあるわね
ふんふん
幼少期はガタガタした道を歩いてきた…と
暗い幼少時代…
それ全部書いてあるの？
「18歳で人生の相手に出会う」
あ、旦那ちゃんと出会った歳です
22歳で「社会にどう受け入れられるか」というテーマで自分を探す
教職断念
デザインの道へ入り直す
ま、まさに
35歳で「自分以外の人を育てる」と書いてあるわね
む、娘を産んだ歳です
このように人生の道しるべを書いたものを皆持っています
ほえ―――!!
そして今、この時点で華香は…

「神さまのお遣いをする」って書いてあるわ!! 太字で!!
神さまのお遣いをする
ドン
ドン!!
演会をスタート
ほら、ここ!! ここ——!!
働きますー!!
つつつ
わ、分かった!! 分かりました から!!
この人もグイグイ系!?
あなただけの人生ではなく
華香が進むと
母
兄
旦那
皆も一緒に進む
あなたに関わる人の人生もあなたが進めば一緒に進むの
あなたのお兄さん、今手術しているわよね？
は、はい
あなたがここに来て自分の人生を思い出しているから
お兄さんも自分の人生を生きる力が強く促されているわ
ホ、ホントに？
だから今日、あなたがここに来たこととお兄さんの手術日が重なっているのは偶然じゃないのよ
お兄さんの巻物にもあなたの顔と神社のマークが描いてあるでしょ？
助けを受ける
手術
生きる気づきを
ホントだ

そして逆説的になるけど、もし仮に「神さまのお遣いをする」道を進まなくてもいいの
Ⓐ神さまのお遣いをする
Ⓑしない
やっぱこっち!
え?
そうしたら新しい道ができてくるの
まるであみだくじみたいにね
ほえー!
途中で引き返すこともできるし進み続けることもできるの
半分は生まれる前に決めていて残り半分は現世で決めているの
へえ——!
「出会う人」はお兄さんのように深く関わる人はもともと書いてあるけどね
出会う人も相関図のようになってるわ
母
兄
華香
旦那
ひかり
I先生
す、すごい!!
ではこれから巻物の道を良い方向に変える方法を伝授するわね
ありがたやー

特別授業

人生の流れ、設計図に乗る方法

講師 市杵島姫

空の上で作った人生の設計図＝巻物の内容を良い方向に変えていく方法を教えるのがこの授業の目的だったわよね。

まず、人生の設計図があるからってその通りに進まなくていい、というのはさっきも話した通り。

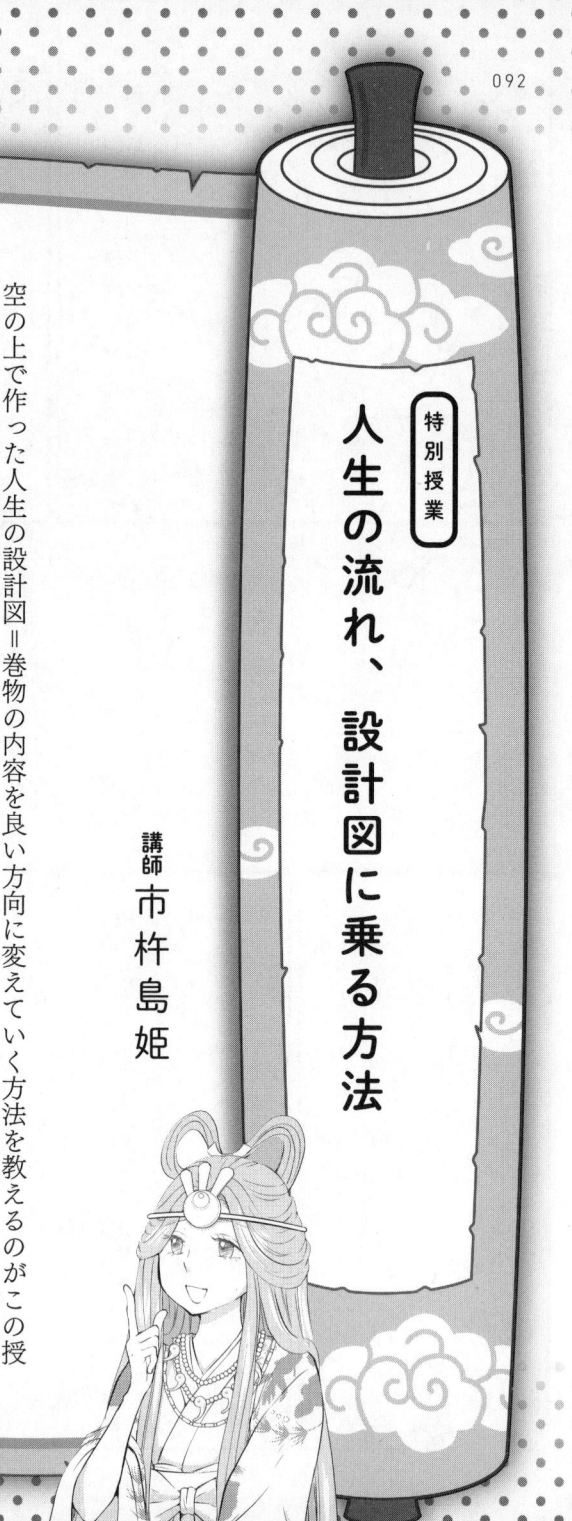

では、どう書き直すかってことなんだけど、その時に重要になっていくのが「**意思決定**」の力よ。

そもそもこの巻物に書かれた地図っていうのは、前世といわれる過去の体験や、今世どんな学びをしたいか。**あなたの魂の課題を元に書かれている。**

だからこそ、書いた時の課題を書き換えるために、「私、今こうして地球に来て体験してみて分かったけど、本当はこうしたい！」と強く決断することが条件になる。

「でも、そんなふうに今の地球での感覚を軸に突き進んで不幸にならないか心配」って、あなたは思うかもしれない。

でも大丈夫よ。

あなたがあなたらしい選択をしている以上、その選択の先は最初に設定した最善の道に繋がっているから。

というより、人生の設計図をより輝かすことに繋がるわ。

あ、でもその仕組みについての説明は、

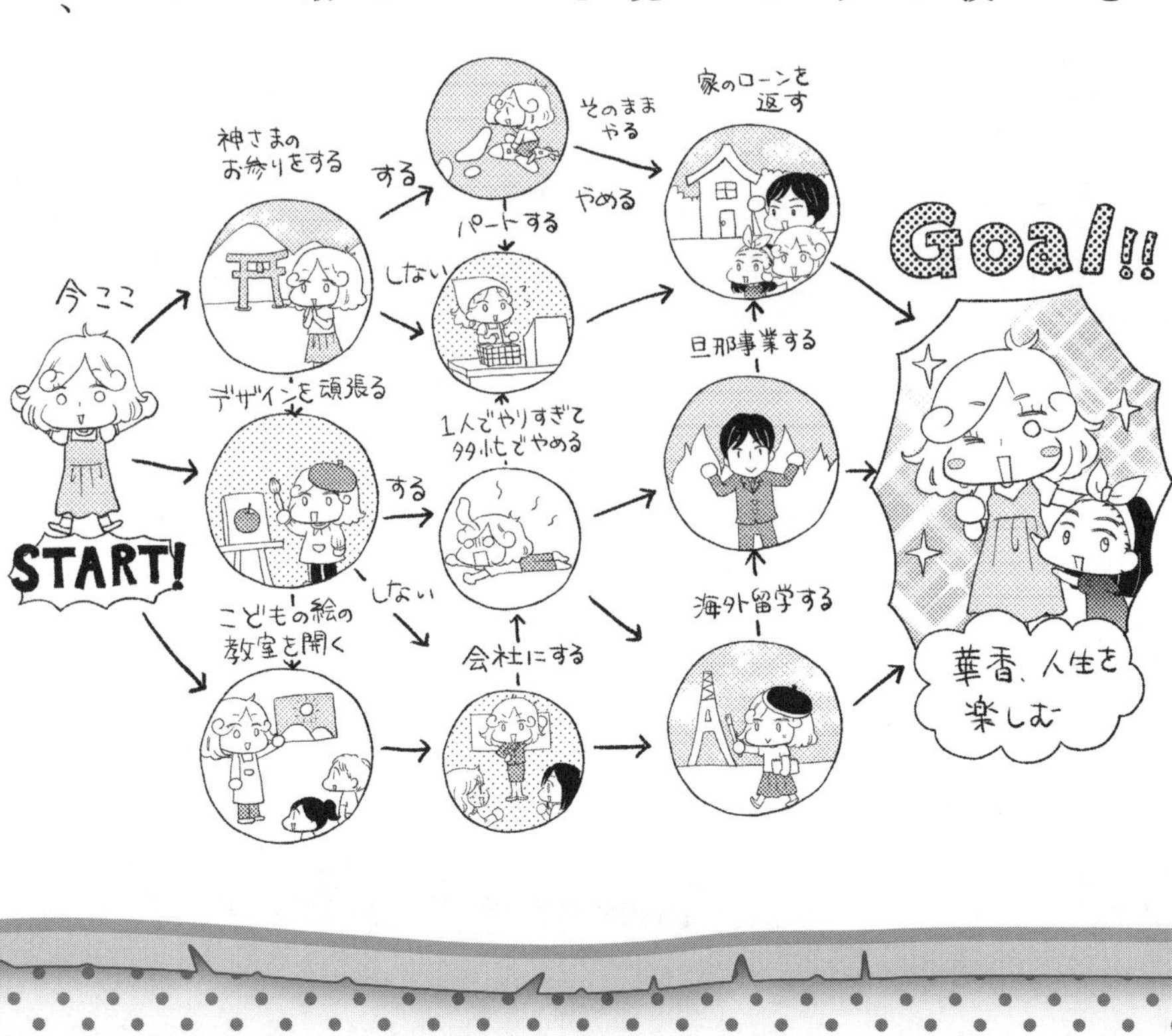

私よりも適任な神さまがいるから、そちらで聞いてもらえるかしら。
この先であなたが来るのを待ってるはずよ。
あなたの大好きな、イ・ケ・メ・ンな神さまよ。
見るのに夢中で、大事な話を聞き逃さないようにね！

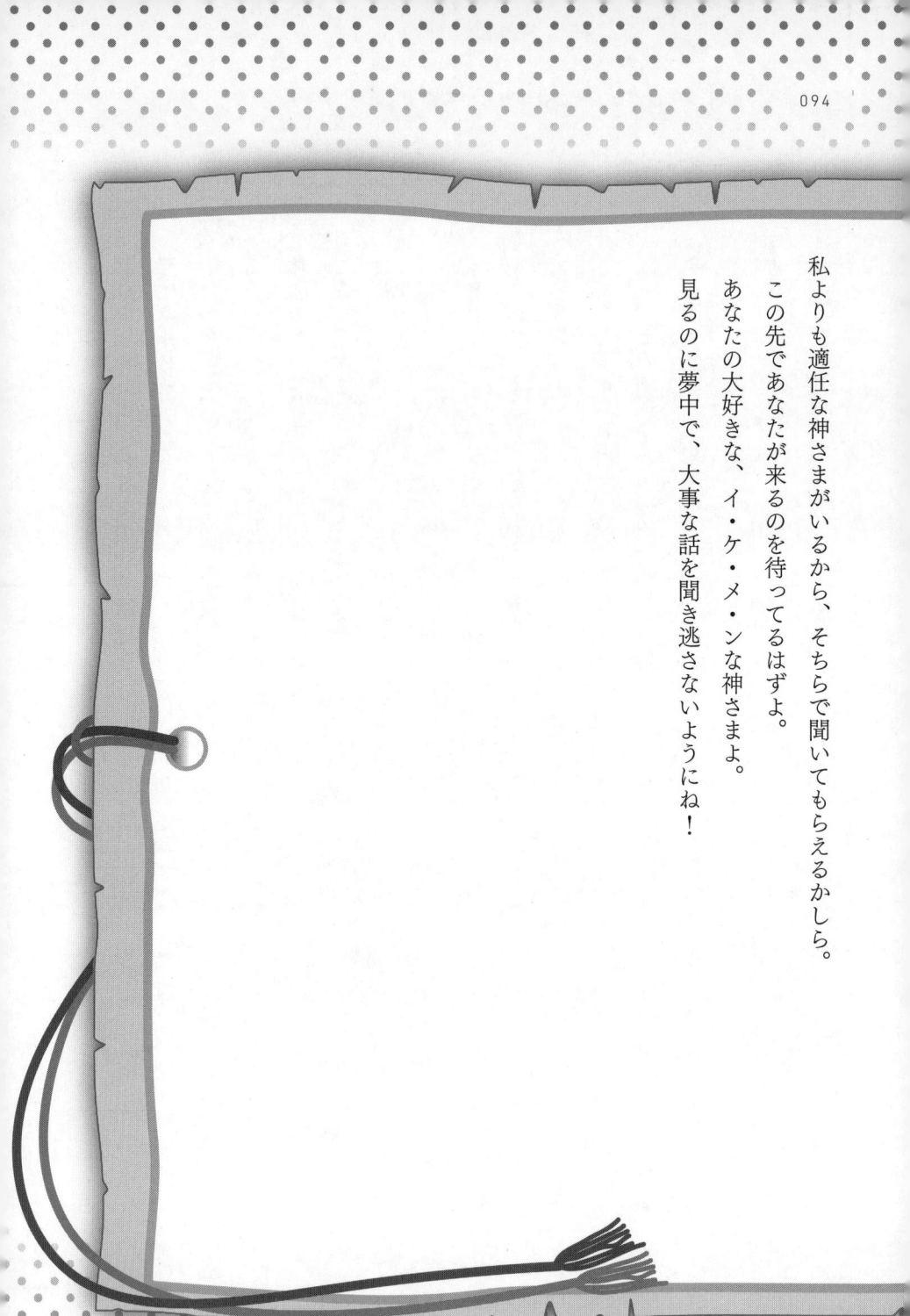

イケメンの神さま――!?
めっちゃヤル気出てきたー♡♡
キャッ♡
ママ！顔がだらしない!!
ではここで、鳥居と本殿、弥山と一直線に並んでくれる？
え？
パアーーッ
この場所は宇宙のエネルギーが弥山に集められて
そこから境内、鳥居へと流れ込んでくるの
弥山
厳島神社
鳥居
次のミッションもここに降りてくるからしっかり受けとってね！
は、はい！
そうしてミリ単位で立ち位置を調整されると…
違うもっと右!!
違う左!!
カーンッ
は、はい!!
この人もグイグイ系!?

東へ6
柱を立てろ
入り口は女
出口は男
女神が統合させる
パァーーー
キ、キ、キ、キターー!!
ひ、ひかり ちょっと待って!!
今暗号のようなものが…
ねえねえ ママー…
ろ… 6…!?
入り口 出口…!?
厳島神社ってなんでこんなに鹿が多いの?
え!? 鹿!?
今それどころじゃ…
なんでだろうね?
…て
鹿ーー!?
ママー?

※牡鹿半島→女川→金華山黄金山神社(弁天)
男鹿半島→赤城神社

岩には姫…
岩手県の
早池峰《はやちね》神社に
いる瀬織津姫
のこと？
鶴から黒い山
白と黒の統合…
山形県の
鶴岡から入り
羽黒山にある
出羽三山神社に
行く…
COMPLETE!!
こおり…
もしかして
福島県郡山市？
これで東北6県
揃った!!
やったね
ママ！
あー…
バイク好きで
良かったー♡♡
日本全国
バイクで縦断
←実はライダー
よく分かったわね
華香

噂通り
勘が鋭いわね
合格♡
市杵島姫
元のおしとやかな
姫に戻ったー
では、これを
持って
行きなさい
フワ…
イザナギの
剣《つるぎ》よ
この剣を
徳島の剣山《つるぎさん》へ
運んでください

華香は「剣」を手に入れた。

剣の使い方

新しいご縁を結ぶために古いものを切り離すためだとか

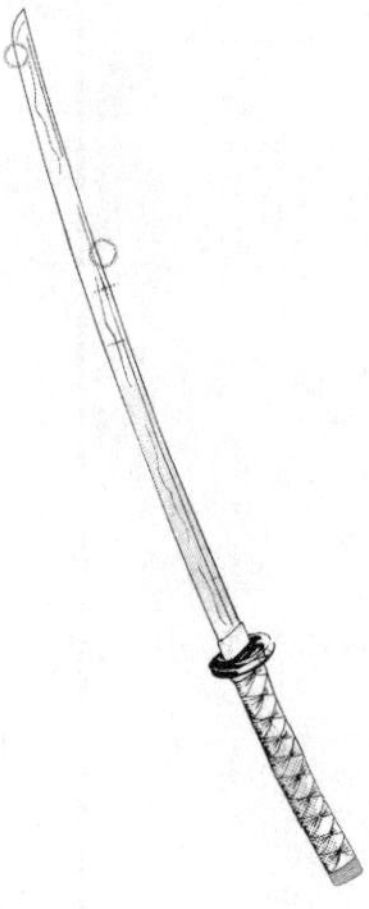

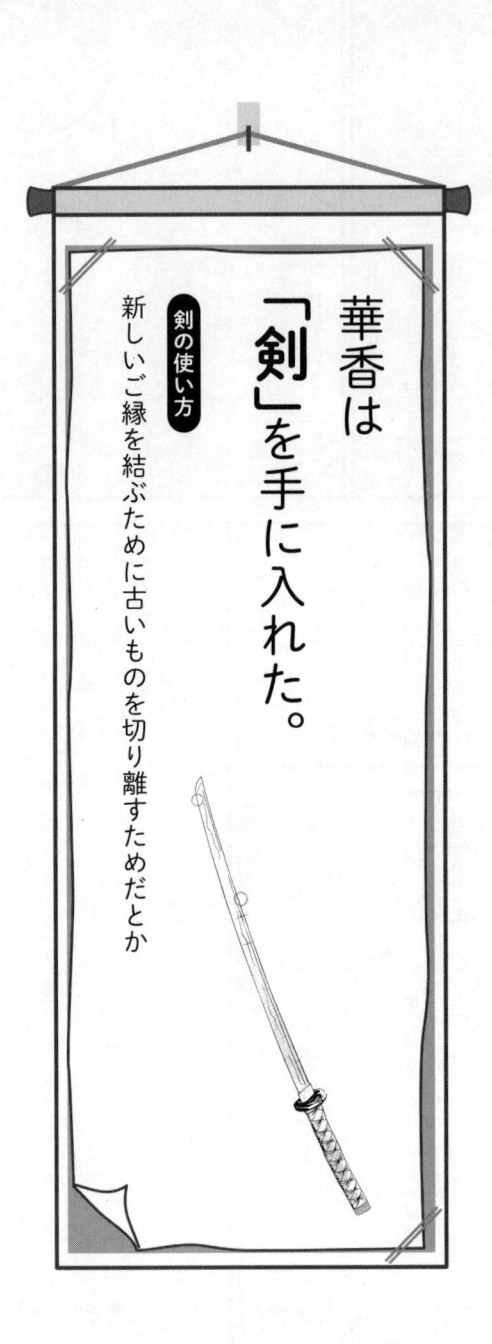

ヒントはいつも半径5メートル圏内に

「それではこのステージ、『人生の流れをつかむ方法』はクリアとしましょう。この剣を徳島の剣山に運んでください」

そう言って、市杵島姫は私の前から「ボン」と消えていきました。

じつは、「徳島」、そして「剣山」と聞いた瞬間、私の胸のざわめきが止まらずにいました。

というのも、この日からちょうど2週間後の今日、徳島のつるぎ町で講演会の予定が入っていたからです。

神さまはどこまで私をこき使うつもりなのでしょうか……。

ところで、市杵島姫が私に剣を渡す際、こんなことも言っていました。

「剣は切る。それは過去からの思いや習慣を断って、新しいパターンを手に入れることも意味するの」

この時の私は、まだこの言葉の真意が分からずにいました。

そして、時は少し進み、2週間後。ついに、つるぎ町での講演会の日がやってきました。

おや？　講演会だというのに、私が今いる場所は壇上……ではなく、またしても神社の本殿前です。

なぜか、徳島に着くやいなや、講演会が始まる前に主催者さんに半ば強引に連れてこられたのがここ。これだけ、神さまのお遣いが続くと私も学習しはじめてきました。

「講演会前にここに連れてこられたのも絶対に、神さまの仕業ね……」

そんな勘を働かせて周りを見渡すと、やっぱりいました。

ここまでは予想通りの展開です。でも、そこにいた人がなんと……。

イザナギ⁉

「華香。よくここが分かったな」

「い、いえいえ。私はただ連れて来られただけですから。ここがなんだかもよく分からんのです」

「みんな『イザナギ』という言葉と『つるぎ』という言葉に翻弄《ほんろう》され、違うところへ行ってしまう。物事を固定観念で考えず執着しないことはとても大切だ」

「あ、そうそう、剣を返しますね」

「この剣はエネルギーだから何本も複写できる。しばらく華香に渡しておく。

これから多くの人のために使いなさい」

「つ、使えってーーー!?　やだぁ。剣なんておっかない。無理、無理。いらないよ。いりません。返します!!　はい。しかも使い方、分からないし」

「使い方は、これから各地で教わるから安心せい。そして、今後、君のことは大国主にまかせた。まずは、そこにある階段を登って、この上に行きなさい」

そう言ってイザナギは「ボン」と消えていきました。

イザナギが最後に指差した方角を見ると、確かに階段がありました。なんとか登りきった先に姿を現したのは、大国主が祀られている「倭大国魂神社《やまとおおくにたまじんじゃ》」。

やはり神さまは私の勝手な想像なんかじゃなく、実際に存在しているようです。たまたまにしてはよくできすぎた筋書きですから……。「もう神さまのお遣いとして、ハチ公のように忠実に活動していくしかないのかしら……」と半ば降参気味になる私。

思えば、この「諦《あきら》め」こそが、このあとにわたる怒濤の〝神さまのお遣いラッシュ〟幕開けの原因だったのです……。

例えば、「倭大国魂神社」にお参りをしている時のこと。ちょうどお祈りが終わったその瞬間、過去に講演会に来てくれた方からメールが届きました。

「華香さん、府中にある大国主を祀る大国魂神社でイベントをしてくれませんか？　じつは来月、府中の大国魂神社でお祭りがあるんです。

問題はそこからです。なぜか1日中、頭から華香さんの顔が浮かんで消えなくて……。夢にまで何度も何度も出てくるもんだから、これは〝華香さんを呼べ〟と言われているんだろうなと思い……思い切って連絡してみました！　ダメだったらはっきり教えてください！」

いやいや、ダメもなにも、今まさに「参加しなさい」というメッセージがバンバン目の前に現れているわけで……。さきほど降参気味になったばかりの私は、断れるはずもなく、すぐに「出ます。出させてください」と返信しました。

結局、間違いも正解に変わる

また、とあるイベントでお配りするため「オリジナルお守り」を作った時だってそうです。手始めにインターネットでお守りを作ってくれる工場を探すことにした私。「楽しみにしてくださる皆さんのために！」と納期や品質など、かなりのこだわりを持っていたものの、条件を満たす工場は案外、すぐに見つけ出すことができました。

ところが工場の住所を見て、驚くことになります。なんと、工場が建つのは、石川県の白山《しらやま》比咩《ひめ》神社のすぐ側の「鶴来《つるぎ》町」……。この流れにも、イザナギ、そして大国主の息がかかっていることが判明しました。

……まだまだ〝神さまのお遣いラッシュ〟は続きます。お守りを作ってくれた工場長が納品の日に、「いい神社があるよ～」と私を半ばむりやりに連れていったのが、白山比咩神社。完成したお守りを持って参拝すると、菊理姫《くくりひめ》が「ボン」と目の前に現れて言うのです。「四国に行きなさい」と。

もちろん「さすがに遠すぎ！」と抗《あらが》ってみたものの、またしても絶妙なタイミングで、四国での講演会のお誘いが届くのです。

あとから調べて分かった話ですが、菊理姫とは「人と人の縁を結ぶ神」と言い伝えられている神さまのようです。かつてイザナギとイザナミが仲違いした時に、2人をとりもったとも言われているとか。やっぱりここにもイザナギの息が……。

四国は四国で、いろんな神社に連れていかれては、神さまのお遣い。

神さまの言葉をヒントに冒険に出るその姿は、ＲＰＧ《ロールプレイングゲーム》の主人公そのもの。

その後も、あらゆる場所で、あらゆる指令を果たす神さまクエストは続き、次に行かされることになったのが、石川県にある気多《けた》本宮。

着くやいなや、目の前に現れたのは大国主の妻にあたる奴奈川姫《ぬなかわひめ》。

そして、私にこう告げるのです。

「勾玉《まがたま》を13個集めなさい。それが新たなあなたのミッションです」と。

訳も分からず、頭を抱えていると、さらに奴奈川姫はこう続けました。

「高岡に向かってください。そちらであなたに伝えたいことがあります」

もう頭はパンク寸前です。「勾玉」がなんのことか分からなければ、「高岡」がどこなのかすら分からないのですから。

混乱した私は、気が動転し、どういうわけか携帯のマップアプリに現在地である「気多本宮」と打ち込みました。ところが、画面に表示された文字は「気多神社」。そう、「本宮」と「神社」を打ち間違えたのです。冷静さを欠いた人間の行動は怖いものです。でも本当の恐怖はここからです。

うっかり打ち間違えた「気多神社」は実際に存在し、しかも、携帯が指し示している住所はなんと「高岡」！　もうここまでくると「諦め」どころか逆らう気すら起きません。さっそく車を走らせ、「気多神社」に向かうことにしました。

到着すると、やはり「気多神社」の入り口そばで奴奈川姫が待っていました。「気多神社」と間違うべくして間違ったようです。

奴奈川姫は、到着したばかりで息も整っていない私に、「男性について」、さらに「男女が協力して、子どもを作る意味について」の怒濤のレクチャーを始めました。さらにレクチャーの途中、奴奈川姫は、私に恐ろしいことを告げるのです。

「あなたについて行きます。その代わりと言ってはなんですが、13個のうちの1つの勾玉をあげましょう」と。

「ありえない」。そう口にしようとした私でしたが、奴奈川姫の潤んだ瞳にペットショップで見つけたチワワを重ねてしまい……。

こうして、奴奈川姫と私の神さま旅が幕を開けることになりました。

ある日、
奴奈川姫の
産所にて――…
こ…こんにちは…
わ――
またしても
奴奈川姫!!
華香…巻物に
関して私から少し
話させてください…
えーまたあ？
じゃあ、手短に
お願いします…
了解しました…
では…
はい…
わ――っ
人は自分を信じ追い続
けるとそこに「意志」が
生まれるのです。「個性
（神さまから預かった種
を信じ「意志」を重ね
た時そのエネルギ
美しい花に成長し
の想像をも越えた花
咲かせるのです。「意
とは運命の箱組みを
超えることのできる強
力なものなのです。こ
から地球にくる魂た
は「個性」を持って「意
1章終わりましたけど
4章まで
話していいですか？
なんなら
和歌で♡
いえ…
もうお腹
いっぱいッス…

花を咲かすのに種だけあってもしょうがない

奴奈川姫による怒濤のレクチャー……お目汚し、大変失礼いたしました。

もう少しだけどうかお付き合いいただけると嬉しいです。

というのも、怒濤ではありますが、奴奈川姫は、とっても大事なことを言っているからです。

さて覚悟はいいでしょうか。早速大事なところからスタートです。

「華香。あなたはいつも私たち神さまの前で
『私は自分の使い方をなにひとつ知りません。だから、私が得た経験の全てを差し出します。
どうぞ私を適切に使ってください』
そう、言ってますよね」
「自分を適切に使う……。ま、まぁ自分のこと、よく分かんないし」
「人は誰しも平等に持って生まれた個性や種があります。

それをみんな〝適切に使いたい〟と願っています。そして、もちろん誰しもがそれらを使うことができるのです。

ただ!! 適切に使うためには『種』だけでは育ちません。

植物を育てる時を思い出してください。

花を咲かせるには、土が必要だし、鉢だって必要。準備が整ったら整ったで、水もやらなくてはいけません。そうしてようやく芽を出し、花を咲かせますよね。

人間だって同じです。準備や努力を怠ってはどんな素晴らしい種でも意味がないのです！

その人本来が持つ能力や才能を咲かせたい！　とする**覚悟が必要です！**」

「(わっ。奴奈川ちゃん、珍しく激しぃ！）は、はい。確かにほっといてもなかなか種から花は咲きません……よね」

「しかし多くの人は準備している段階で、『本当にこのままで花が咲くのだろうか……』と不安になり、自分の種から逃げてしまいます。

つまり、多くの言い訳を重ねながら、誰かが敷いたレールの上を歩みはじめるのです。

せっかく空の上で神さまと一緒に作った種なのに……」

「なんだかすいません。人間を代表して謝ります。でも、やっぱりずーっと自分を信じ続けたり、努力し続けるのって、とっても難しぃです」

「なに、生ぬるいこと言ってるんですか！　いいですか。人は、自分を追い続け、信じ続けると、そこに「意志」が生まれます。そこまでいけばこっちのもんです。

なぜなら、『個性』（神さまから預かった種）を信じ、『意志』（自分で水をやり、育てるもの）を重ね合わせた時、そのエネルギーはかけ算となるからです。

努力の後半戦は急加速的に成長していきます！　こうして自分の想像を超えた美しい花を咲かせるのです。

それに誰もが意志を使って進もうとすれば必ず適材適所に繋がります。

運命の箱組みをも超えることができる、あなたたちに手渡されている強力なツールなのです。巻物に書いてある道筋をも変えられます！」

こうして、信じ続けることの大切さを奴奈川姫から教わった私は、神さまからの暗号や授けモノ、時には移動したいと願う龍も引き連れて、あちこちに行くことを受け入れたのです。

すると、数日後またもや怪しいというか、「ああ、また神さまの仕業だな〜」と思われる連絡が入りました。

それは大阪での講演会の時のこと。主催者の1人が私に言うのでした。

「どうしても華香さんを連れていきたいところがある」

目的地は出雲大神宮。……ほら、やっぱり。

大阪の講演会を訪れた時、神社に案内されました
わあ…
出雲大神宮
華香…また連れてこられたな…
立派な神社──！
ま…まあこれもご縁だしお参りしよう…
大好きだよ…
いよいよ君を迎える準備ができた…
ん？
ええー!?

な、なにこの
イケメン…
あ、
あの…
この人も
神さま…!?
やだ〜♡
主《ぬし》さまったらあ♡
はぅっ
キャッ♡
奴奈川姫…
今日も
ステキですぅ〜
君も
だ…
奴奈川姫は
大国主の
奥さまの１人…
てことは
この人…
大国主!?
華香…
かの地で…
君を
待ってるよ…
フッ…
ピロリン♪
華香先生　こんにちは
11月○日(神在月)
出雲大社に来
下さいませ
ウソ…
そうして私は大国主の
総本山、出雲大社に
呼ばれたのでした…

第4章

付き合うべきは魂カレ、魂カノ！

～人生のサポーターに出会う方法～

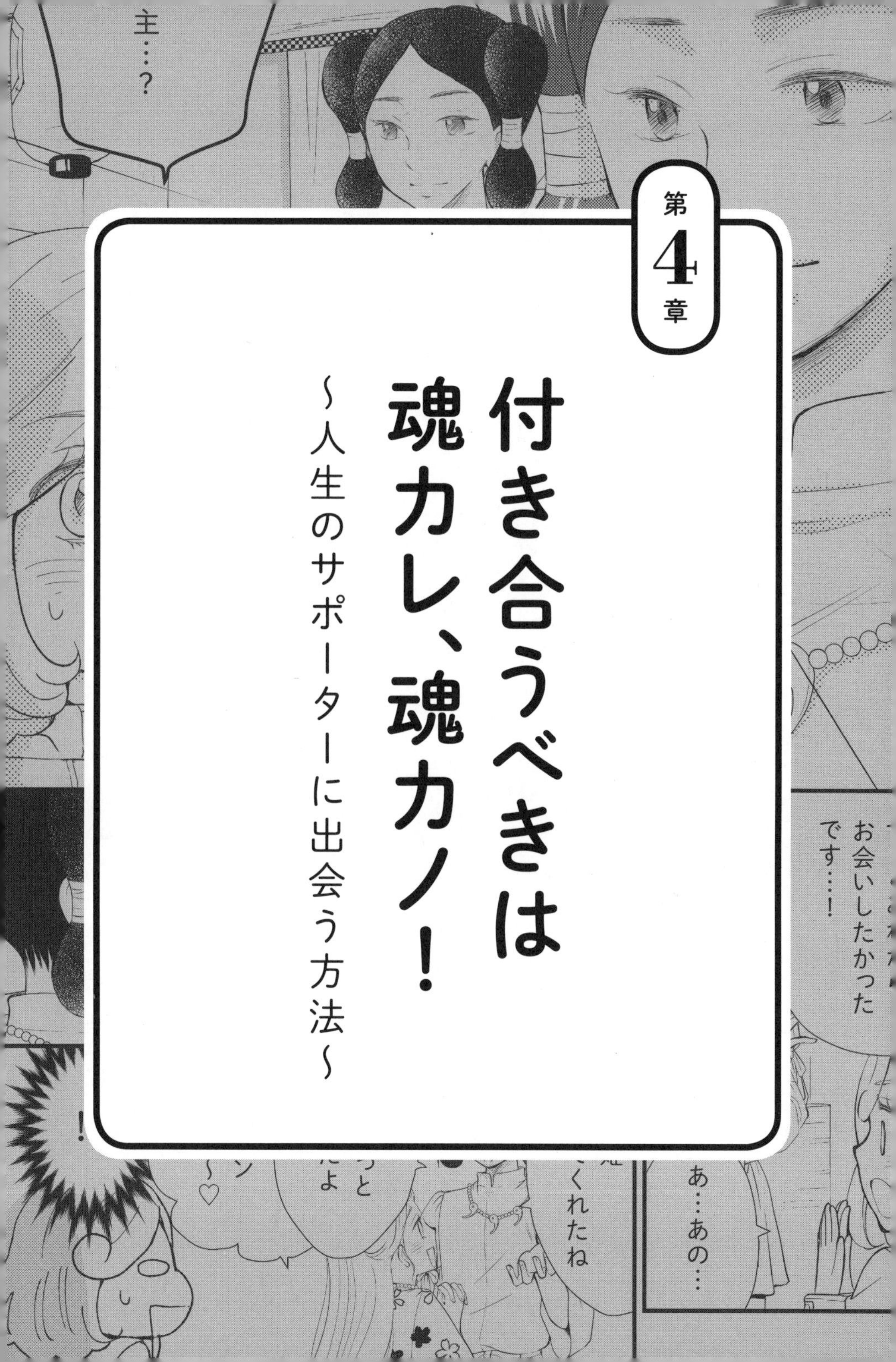

出雲大社に着きました
出雲大社
とうとう来たわね…
ママ、今日も頑張ろうね♡
頑張りましょう！
編集Sさん
入り口からすぐのお社《やしろ》でまずは皆でお参り
この先も無事に進んでいきますように
…ん？
気配が…

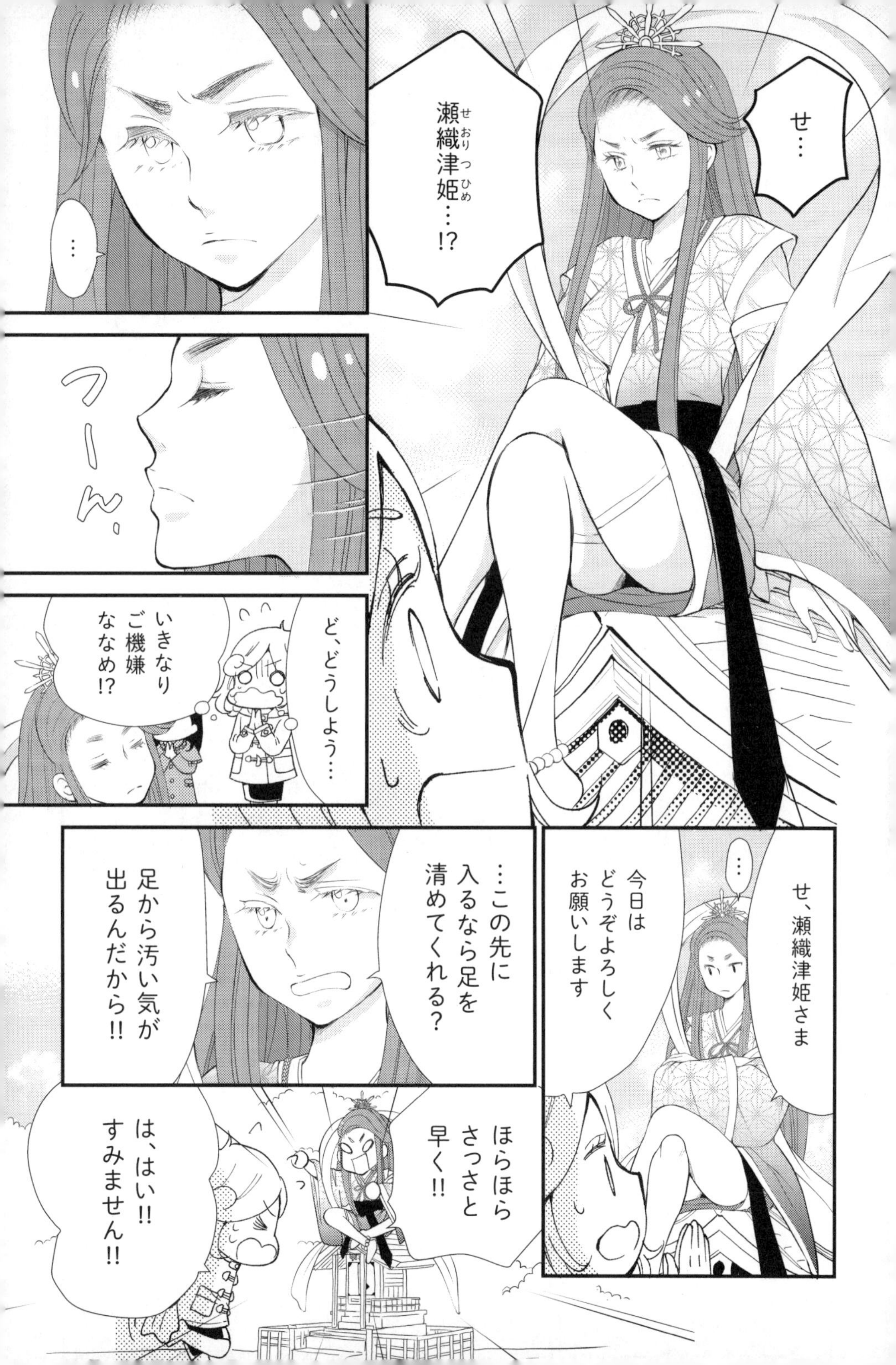
せ…
瀬《せ》織《おり》津《つ》姫《ひめ》…!?
…
フーん。
ど、どうしよう…
いきなりご機嫌ななめ!?
せ、瀬織津姫さま
今日はどうぞよろしくお願いします
…
…この先に入るなら足を清めてくれる?
足から汚い気が出るんだから!!
ほらほらさっさと早く!!
は、はい!!すみません!!

他にもここに集まっている神さまたちは大忙し!!
あー忙しい忙しい!
今年の縁結びは多いなー!!
ギーーッ
終わらねー!!
ダダ
てか、年収一千万以上のイケメン希望ってどんだけー!!
※華香ビジョン
そしていよいよ本殿へ!!
本殿でお参りすると…
ようやくここに来られました
華香…よく来てくれたね…
ずっと待ってたよ…

お…
大国主…？
わ…私も…
ずっとあれから
お会いしたかった
です…！
あ…あの…
ちょっと
どいて
どいて――!!
ぎゅむ
奴奈川姫
よく来てくれたね
君をずっと
待ってたよ
イヤーン
私もぉ～♡
!?

大国主さまー♡
やっと捕まえたあー♡♡
ぬなかわ→
どんっ!
須勢理姫《すせりひめ》
よく来てくれたね
君をずっと待ってたよ
私もー♡
大国主さま…
私のほうが会いたかったです〜♡
キャッ
キャッ
私もー♡
多紀理姫《たぎりひめ》
よく来てくれたね
ずっと待ってたよ
八上姫《やがみ》
よく来てくれたね
ヒュウウウウウ
た…
ただのたらし…!?
大国主…
さすが180人の子をなした男…
…華香…
今日は君に大事な話があるんだ
…それは人との結び…
魂の結びについて…
キャーキャー
私の
私のよ
取り巻きたちをどうにかしてから話してほしいわ…

深い内容を説明させてもらうよ
…ちょっと長いけど…いいかな？
…あ…は…はい…
トクン…
トクン…
あ…いけない…私も大国主さまのトリコに…
でも結びの神さま大国主さまから直々に話が聞けるなんて…
…君たちがこの1年ないしここ数年…
より君たちらしく成長するために…
イケメン
こんな光栄なことはない！
どのような人と学び
イケメン
関わりあうといいいか…

そして今の人生を歩いている速度や
イケメン
現在地に合わせて
この先どの方向に進むといいのか…
はぁあぁ!!
もうダメ…
その道先案内人として必要な人を巡り合わさせて結ぶ手伝いを
バタ
バタ…
イケメンの後ろ姿
僕たちはしているんだ
いわば出会いによって人生の道をより良く導く
コーディネーターみたいな役割か…
な♡
バチーン☆
あ…ダメ…私も失神…
尊い…
ママー!!

最強のご縁コーディネーター

そんなこんなで出雲大社へ。出雲大社は「縁結び」で有名な神社です。

と言っても、ここに祀られている大国主にとっても、縁結びを簡単に実現させているわけではありません。毎年、出雲で言われる神在月《かみありづき》（出雲以外では神無月《かんなづき》と言います）に行われる神在祭の約1週間、大国主の指揮の元、全国の神さまたちが一斉に集まり、「いつ、どこで、誰を、どんなふうに結ぼうか」、そんな話し合いが繰り広げられ、そこに重なる実作業で、てんてこ舞い!!

出雲にがっつり泊まりこんで、ご縁の糸を結んでいます。

そうです。私たち人間には神さまという最強のご縁コーディネーターがついているのです。

なんて頼もしいんでしょう（しかもイケメンだなんて）♡　うっとりしていると私の元に、大国主がやって来て言うのです。

「あのね、華香。ひょっとして勘違いしているみたいだから言わしてもらうけど、ご縁コーディネートの原作を作るのは僕たちじゃないんだ！　作るのは君たち自身なんだよ！」

「え、ああ、つまり私たちの人生の設計図ってやつと同じってことでしょうか？」

「うん、そうだ！　君たちが空の上でああだこうだ言いながら悩んだ末、書いてきた内容をベースにして組み立てているのさ。しかし、このシナリオ、人によって厚さや内容がまちまちなのさ！」

おおっと、面白い展開になってきました。華香、もう少し大国主さんに質問攻めをしてみたいと思います。

え、イケメンだから、少しテンション高くない？　って。違います。１００％、読者のためを考えてのことですから……。

人生の脚本を軌道修正させよう

「あの～大国主さん、厚さや内容がまちまちってどういうことですか？」

「つまり、ザックリと要点のみのシナリオ作家さんもいれば、懇切丁寧に細かく書き示すシナリオ作家さんもいるってことさ！

　中にはせっかく書いたシナリオをすっかり忘れてしまったり、それぞれ自分の人生の舞台に立つと、思った通りにいかなかったりすることもあるんだけどね！　そうなると、本来のシナリオを思い出してもらうために、新たな出演者が必要になったり、新しいイベントを投入したり、調整作業も必要になってくるだろ。

　この調整が僕たちの仕事。そして、この、人との出会いを司るのが**『ご縁の糸』**なのさ」

「でも、私たちにはご縁の糸って目に見えませんよね。だから、どう進めばいいのかなんて分からない」

「もっともだね。じゃぁここから、恋愛や仕事関係、友人関係など人間関係を通してその仕組みを案内していこうか。

……っと、その前に。とても大事なことが1つ。

僕たち神さまは君たちの人生や人脈をシナリオに則《のっと》ってコーディネートするけれど、このシナリオについて詳しく知っておくと、『出会いの意味』や『これから人生で進む方向』が腑に落ちるはずだ。少しだけ説明させてくれ！」

「もちろん！　時間ならたっぷりございますぅ～♡」

胎内記憶が人生に与える影響

「『人生シナリオ』、これを君が伝えてる『胎内記憶』を使って話すとしようか。

君たちは生まれる前に、今回の人生をどのように生きようかと、あれやこれやと計画を立てて、ある程度決めてから来ている。これは『神さまとの約束』として木花開耶姫が、『巻物』として市杵島姫が説明してくれたよね。

そのシナリオは担当の神さまたちと一緒に決めたり、最終チェックを神さまにしてもらったり。様々なパターンが存在する。

全てを自分1人で決めているわけではないんだ。

ところで子どもは『親を選んで生まれてくる』なんて言うだろ？　あれって、君がこの人生でやりたいことが一番できる親、また切磋琢磨《せっさたくま》して一緒に学べる相手として神さまと一緒にチェックしながら親を選んでいるのさ。

ただ時には親選びを、神さまの助言を聞かないで自分の意思で決める子もいる。

でもその意思については神さまも尊重したいと思ってるけどね。

また、空の上で決めてくるのは、親だけじゃないよ。パートナーや兄弟、お友達、仕事仲間や恋人など、**人生のキーパーソン**も決めている。

『このタイミングに出会おうね』と空の上で約束しあっているのさ！

こんな感じで生まれる前に、どんな人と出会うか、どこで登場してもらうのか、ある程度『ご縁』を決めてるケースが多いんだ。

そしてそのシナリオを元に、ご縁を結ぶ人同士、空の上でお互い、『この場所で、こんなサインを送って私を導いてね』というふうに、**ネゴシエーションしあっているんだよ**（笑）」

苦手な人ほど魂の繋がりが強い

大国主によると人生のターニングポイントの時に出会う人たちがいるそうです。その人たちって、空の上で約束してきた人たちなんですって♡

でも、問題はここから。このターニングポイントで出会う人って、私にとって「良い人」だったり、「相性が合う人」だったりだけではないそうなのです。

例えば、嫌味を言ってきたり、苦しい経験をさせてきたり……いわば「悪役」として登場する人もいるそうなのです。

そしてもちろんこの悪役も空の上でお願いしあっているんですって！

「例えば、君たちを追い詰めたり、困らせたり、めんどくさいことを言う相手だったり……。

誰でも1人くらいは、ぼんやり思い浮かぶ顔があるだろ？

でも、一見『嫌な人だな』『苦手だな』と思っていても、空の上では『私が自分の進む道を思い出すように、悪役を演じてね』とお願いしているんだ！」

「私……なんてお願いしてしまったんだろう!!　でも、その人たちって悪役演じるの嫌じゃないのかしら。誰だって、ヒーローを演じたいはず……」

「そりゃそうさ！　誰だって『悪役』なんて嫌だよ。大変だし煙《けむ》たがられるしね。でもその相手は、魂のレベルで見れば仲が良くて、信頼し合っているから、君のために悪役を買って出てくれてるんだよ！

そして、神さまと共に綿密な計画を立てて考えた、壮大な人生劇場を元に動いてくれている仲間なんだ。

では、この人生劇場の配役たち。どのように出演してくれて、どんな役目なのか。今回は大きく3つにテーマを絞ってその配役の意味をお話しさせてもらうかな」

「よ！　大国主さま！」

恋する相手は片思いでも運命の相手

「代表的な配役相手が『恋する相手』かな。大好きな人ができた時を思い出してみてくれ。
あの人……今なにをしているのかな。
私のことどう思ってるのかな。
そんな苦くも、胸が躍る思いが膨らむよね」

「は、はい、まさに今…♡」

「う、うん……(汗)。
結ばれれば、それが君にとってキーパーソンであることは説明不要だよね。深い関係を築いていくわけだから。
でもね、もちろんその恋が実るとも限らない。

ただ、たとえ片思いで結ばれなかった相手であっても、魂で言うと『運命の相手』として結ばれているのさ！」

「え〜！　なんだか切なくも素敵なお話♡」

恋を司る御霊《みたま》はエネルギーのかたまり

「うっとりしているところ悪いんだが、次の話題にいかせてもらうよ。

人の魂の中でも、『恋愛のエネルギー』を司る『御霊』というパワフルなものがあるんだ。

御霊は普段、静かに息を潜めているけど、発動タイミングをよ～く熟知していて、それを忘れないように遺伝子に刻み込むんだ。

それだけ御霊って『パワフルでスペシャル』だから、普段は発動しないで、じ～っとエネルギーを貯《た》めている。

そしてこの御霊は、子宮とほぼ近いところにあるんだけどね、とっても情熱的で、新しいものを生み出す能力が爆発的に強い。そしてこの御霊の発射合図が『**恋**』なんだ」

「あの～、子宮ってことは御霊は女性特有のものでしょうか？」

「いや男性にもあるよ！」

「え、ってことは、奥さんが６人もいて、子どもは１８０人もいるって噂《うわさ》の大国主は……
タマ……いや、御霊がたくさんあるってこと？」

「う、うん、まあね。でも仕方ないよ。恋は落ちてしまうものだからね（笑）」

「恋」は神さまから与えられた導火線

「『恋』という漢字を見てごらん。この文字の正字は『戀』だ。上のなべぶたには、『糸』と『糸』の間に『言う』という文字があるだろ。
これは、男女の糸を断ち切ろうとしてもなかなかできずにいる様で、下に『心』がついてるよね。
読んで字のごとく『糸がもつれ』『心が下に落っこっちゃう』という意味なのさ」

「さすが大国主。結びの神。恋してもつれながら、その結び方を習得していくなんて。なんでも学びに変えるところもカッコいい♡」

「恋はこの通り落ちてしまうから、周りが見えないんだよ。
逆に言うと糸がもつれて下に落っこちるので制御不能……。

でもね、底からはい上がるために爆発的な力を出す。その力や情熱って、じつは君が君らしくあるためのものなんだ」

「わぁ!! 本当にうまいこと言うわね。でも分かるような、分からないような。

ねぇ恋愛マスター、もう少し詳しく教えてくれない??」

「いわば、恋っていうのは人生に火を点《つ》ける導火線みたいなものなんだよ。

人が人を初めて好きになって『付き合いたい！』『もっと知りたい！』って真剣に考えるのっていつ頃だい？」

「ん〜、中学生くらいかしら？」

「そう！ 思春期あたりだよね！ この時期って人生のステージも変わる時なんだ。それまでは両親の影響を受けながら生きて来たのが、『親』から離れていろんな価値観を学びたいと思いはじめる時期だってこと。そして、そのためにはどうしても親から離れるために爆発的な力が必要になる。その導火線になるのが恋ってこと！ 今まで潜伏していたエネルギーを放出して、大きく成長する時なんだよ」

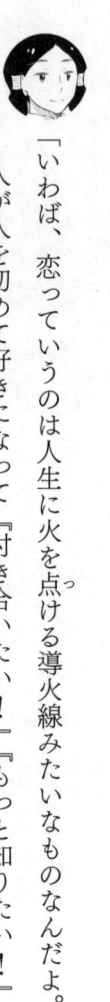

恋している時、そこは宇宙

「ねえ大国主。ところで、この『恋』のエネルギー。神さまといったいどんな関係があるの？」

「おぉ。いい振りをしてくれたね、華香。
この恋愛エネルギーはね、僕たち神さまや宇宙の領域と繋がっているんだ‼」

「えぇーーーーーーーーー！！！　なんですとぉ‼」

「例えば今、僕たち神さまが、君を使ってこの世界でやってほしいことや、君が決めてきた人生の目的を一気に進めて地球にエネルギーを放出してもらいたい時はね、あえてこの『恋心』を使わせるんだ‼」

「え、え、え、ずるい！　私たちの恋をなんだと思ってるの！」

「恋の相手と出会う時、またはその相手となにかが起こる時は、ほとんど君が本当はやらないといけないことがあるけど、やってない時なのさ。

神さまが『ほらほら、いつまでもそんな所にいないで、とっととやることをやりなさい』という合図で恋する相手に出会わせるんだよ」

「うう……確かに目を背けてなかなか取り組めないこと、動かないで後回しにしていたことって本当にたくさんあるからな……。

でも、恋ってすごいですね。**好きな人と出会わせてくれると同時に、本当の自分にも出会うチャンスも与えてくれてるんだから**」

「その通り。いわばこの人生で未消化なことに気づかせるために、僕たち神さまは『恋心』という導火線を使って、そこに行き着くエネルギーを発火させるんだよ。

もっと言うなら、恋する相手によって、君たちの意識の奥にある深い自分との約束を引っぱり出す。気づかなかった自分との出会いやエネルギーを生きる姿に繋げてほしい、

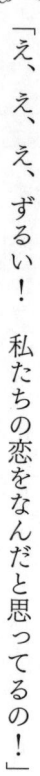

そう願っているんだ」

「嬉しいような、ズルいような……ちょっと複雑な気分。

そういえば、全国の女性たちの悩みって『恋の相談』も多いのよね。

『なぜこのタイミングで、この人を好きになったのですか？　うまくいきますか？』

と聞かれたりね」

「うん、うまくいくかどうかというより、恋に落ちた理由を解き明かしたほうが、早く恋が進展したり、より良い結果が待っているよ。

だからそういう時は、好きになった相手との関わり方や性格、関係性を通して学ぶべきことをお伝えするといいんだよ」

特別授業

1 恋は本当のあなたが起きる目覚し時計

講師 大国主

ではこの授業では、「恋に落ちた相手」を通して、

❶ 現状のあなたの心情

❷ あなたが学ぶこと、気づくこと

❸ あなたがこれからやること

について講義をしていくとするよ。

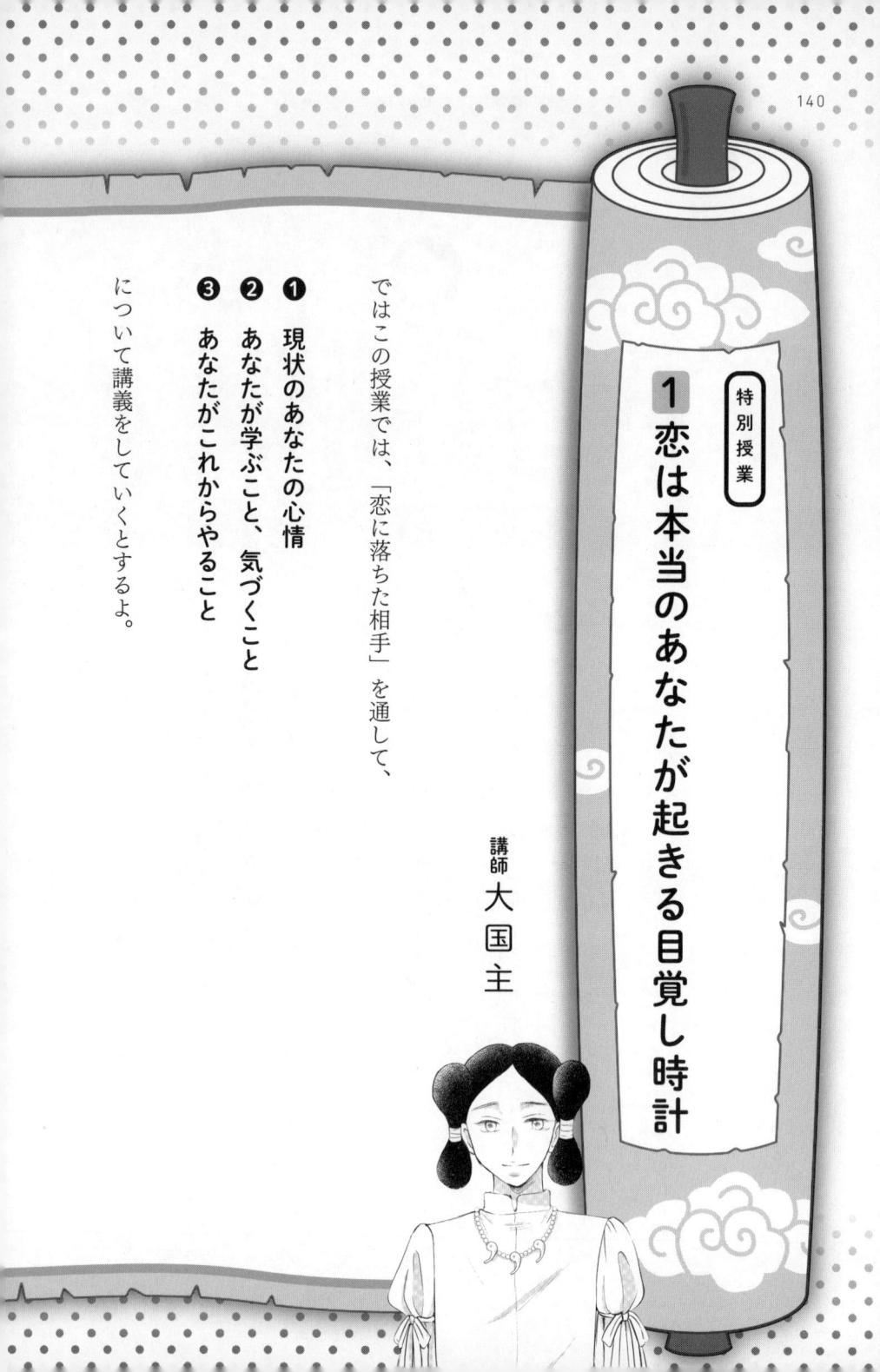

ここで「現状のあなたの心情」を紹介することの意味について少しだけ補足させてくれ！　不安というのは、君の「ああしたい」「こうしたい」の裏返しなのさ。つまり、不安を見つけることは君自身の本音を見つけるヒントになるんだ。例えば、「恋人が浮気していないだろうか」と不安に駆られたとするだろ？　だけどね、その不安の裏側には「恋人のことが好きで好きでたまらない」って本音が隠れているのさ。だって、好きでもない相手に対して、浮気が心配になったりしないだろ？

【その1：相手がなかなか自分に振り向いてくれない時】

❶現状のあなたの心情＝自分を美しく磨いたり、自分を大切に思う感性は持ててるかな？　と不安になっている

❷あなたが学ぶこと、気づくこと＝自分の美しさや魅力に気づいて、出していこうとすること

❸あなたがこれからやること＝自分の持って生まれた容姿や心の美しさを認めることで、今まで自己価値が低くて諦めていたことにチャレンジしてみる

【その2：とても感受性豊かな優しい人を好きになった】

❶現状のあなたの心情＝優しすぎるから彼がなにを考えているか本音が分からない

❷あなたが学ぶこと、気づくこと＝相手を通して、人の痛みに気づいたり、細やかな配慮、相手の気持ちになって思いを馳《は》せることを知る

❸あなたがこれからやること＝人の心を癒《い》やしたり、気づいてあげられる感性があなたにもあると気づき、その才能を誰かのために大きく使っていく

【その3：前向きでどんどん自分の人生を切り開く人に心惹かれる】

❶現状のあなたの心情＝自分が置いていかれているような気持ちになって焦ってしまう。自分と釣り合うのか不安になる

❷あなたが学ぶこと、気づくこと＝その人の生き方を通して、あなたにも人生を切り開くパワーがあることを知る

❸あなたがこれからやること＝自分も今までやりたかったことがあったが、後回ししていたことなどを思い切ってやってみる！

【その4：お付き合いしている人と両親の仲がとっても悪い】

❶現状のあなたの心情＝両親との関係にスッキリしないものがある

❷あなたが学ぶこと、気づくこと＝好きな人が苦しんでいると、そばにいる私も苦しい。彼が両親と良い関係にならないか考える

❸あなたがこれからやること＝自分自身の両親との関係も照らし合わせ、ずっと言えなかったことや、わだかまりなどを見直し、自分と親との関係を理解し、奥底から修復する

ここに挙げたのは、ほんの一例だ。

だけど、こうして、好きになる相手を通して、自分の課題や深い思い、今まで気づかなかった自分の側面・能力・才能を思い出してほしいと思う。

さらに続けざまに、特別授業をもう1つさせてもらおう。

次は、もう少し踏み込んだ話をしていくよ！

好きな人から君たちの本質を紐解《ひもと》いていく方法だ！

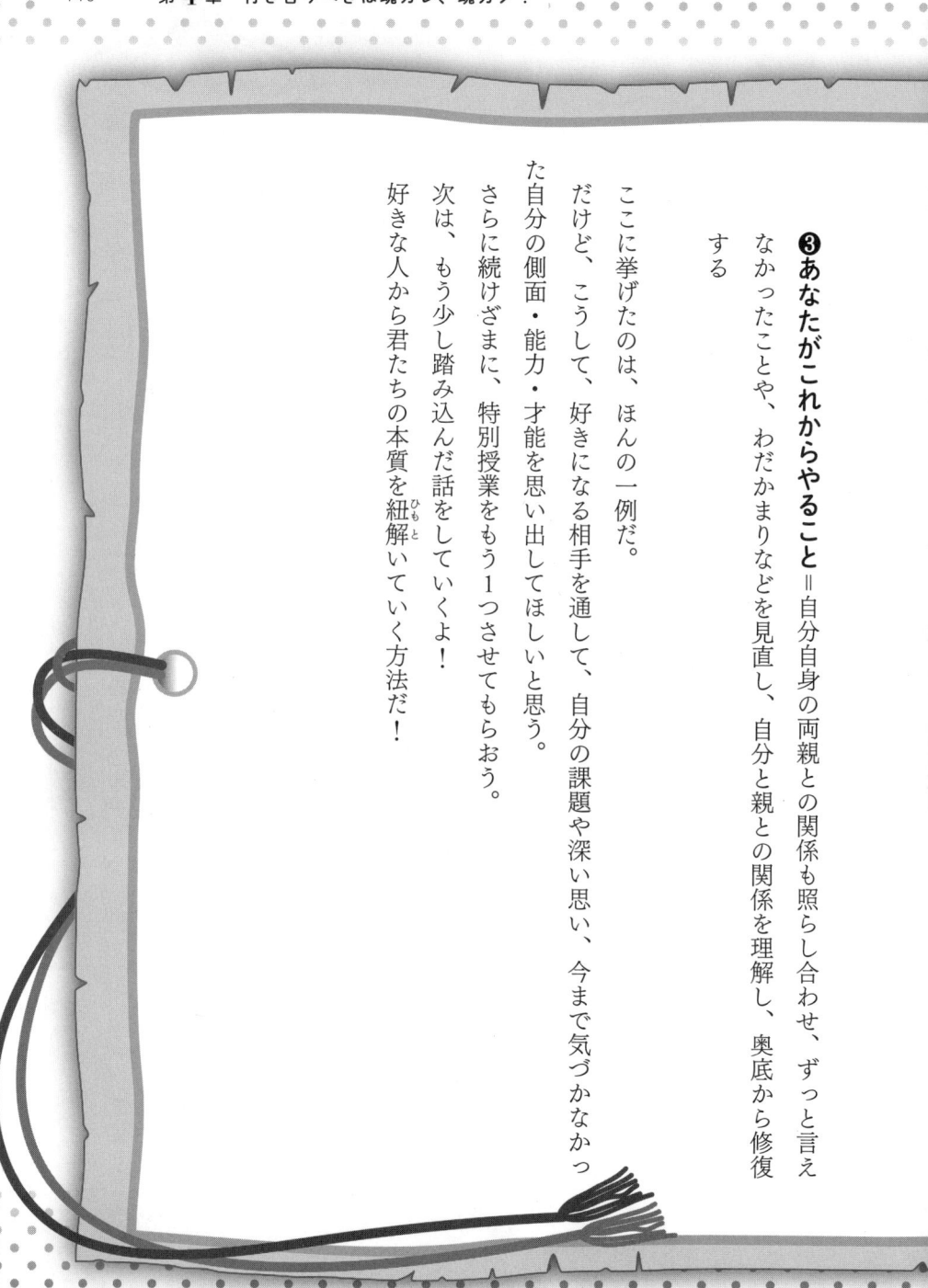

特別授業

2 好きな人からあなたの本質を知る方法

講師 大国主

今、好きな人を想像してみてほしい。そして、次のポイントに則って、君の本質を紐解いてみてくれ！　つまり、恋という導火線の先になにが待っているかってことだよ！

❶相手のどこが好き？　そして、どんなところに惹かれてる？　そのポイントを書き出してみてくれ！　できれば10個くらいあるといいかな

❷❶で出した好きなポイントが君と同じ資質や似ているところなどの共通点はあるかな？　もしあれば、何個くらいあったかい？

❸相手に惹かれたところは君自身にも内在している魅力なんだ。共通点が多い人は、自分の魅力にもう気づいてるね。

逆に、まったくない人はひょっとして自分の魅力や個性に気づいていないのかもしれない。または自分を諦めたり、認めていないところはないかな？　それも1つの気づきだからね！

❹書き出した好きな人の魅力、共通する君の魅力で、君がまだやっていないこと、やりたいのに、やり残していることはないかな？

「恋の奥の方の思い」とは、まだ自分で気づいていない力や認めていない個性、生かしきれないで自分で自分を諦めてしまった部分。

そして、君の魂は、それに気づき、この人生で「この個性を使っていこう」と決めてきている。だから僕たち結びの神さまは、そこに向かう君の応援団長＝恋する相手を派遣し、コーディネートしているんだ！

嫉《しっ》妬《と》は、本当の自分に気づくチャンス！

「ふう、今回の特別授業も最高におもしろかった！　ところで大国主、もう少しだけ質問してもいいかしら？」

「もちろんだよ！」

「好きな人が、違う女性を好きになったりすると、『もう!!』って思っちゃう。つまり、嫉妬のこと。

　こういう時って、相手を呪《のろ》ったり、陥《おとしい》れようとか、ついついライバルに気持ちを集中させちゃうんだけど、それっていけないこと？」

「うん。いい質問だね。じつはね、嫉妬であっても悔しさであっても、君がライバルにエ

ネルギーを送れば送るだけ、ライバルはそのエネルギーを蓄えて大きく成長しちゃうんだ！」

「えーーーーー。うっそ〜!!　なんで、なんで〜？」

「相手に注目すればするほど、君が向けたエネルギーは、良いも悪いもなく、ただの注目のエネルギーだから、相手はそのエネルギーをもらって好都合に使えるんだ」

「げっ!!　なんてこったぁ。まさかの応援ビームを送ってたってわけね……。

じゃあ、嫉妬したり、憎んだりするより、自分にエネルギーを集中させて自分に追い風を起こすようにしたほうが得じゃない！」

「まさにその通り。つまり、君が自分に集中して、より魅力的になって自分を磨き上げると、君の人生のステージがまた1つ上がる。

すると、君は少し高い位置から物事が見られるようになるから、ライバルに対してくすぶってる場合じゃないってなるんだ（笑）。

嫉妬したり、独占したくなる時は、自分の中で自分をダメだと思っている証拠だよ。

『私なんてどうせダメだわ』。そう僻《ひが》んでいる時に起こる。だからこそ、『本当の君の魅力に気づいて！』というサインとして、嫉妬や独占欲が出てきてるのさ。

これは、嫉妬や妬みが悪いということではなくて、まず『本来の自分と分裂してることを知ってね』っていうメッセージでもあるんだ。

だからもし、嫉妬しているのなら、まずはそんな自分を分かってあげる。『嫉妬してるんだね。そうだよね。嫌だよね』ってな感じにね。

逆に無理に『嫉妬はダメ』とか、『相手にエネルギーの餌《えさ》をあげるからやめよう!!』とか、そうやって感情を否定すると、さらに溝を深めて自分を追い込んでしまうんだ。

要は嫉妬という感情ですら、自分の中の1つ。そこを分かって、包み込んでいくことで、自分と統合していくんだ。

すると不思議と『嫉妬』と『本来の君自身』が1つになって、嫉妬相手がいなくなったり、そして君自身が、次のステージに上がる。

そして傷つくだけの恋から卒業したいと思うようになったりね。その先には間違いなく、君の本質を広げてくれる素敵な出会いが待っているよ！」

新しいパートナーのカタチ 魂カレ・魂カノ

「パートナーについての、恋愛の意味と神さまのからくりについて分かったね。
今度は特定の関係ではなく、魂の繋がりのある人同士が、もっと手を取り合ってパートナーシップを組むことについてレクチャーしていくよ！
ただの男女関係ではなく、お互いのやりたいことをサポートしあう男女関係や同性同士。この関わり方を『魂の恋人・友達』と呼ぶんだ」

「なんですか、それ？　魂の恋人？　B，zの新曲かなにか？」

「いいや、**『魂の目的を一緒に果たそう』**と約束したパートナーのことだ。
ビジネスパートナーとしてイメージしてもらうと分かりやすいかもしれないね。
例えば、営業先に行った時、君がうまく話せなかったとする。もし隣にビジネスパー

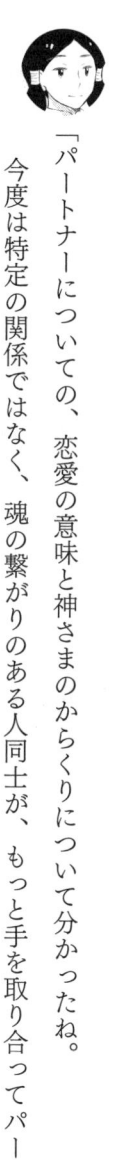

トナーがいてくれたら、とっさにサポートしてくれたりするだろ？　そして、そのおかげで、契約が取れたりね。

　そんないい循環がたびたび起こって、お互いの得意を引き出し、苦手を補っていくような関係だ」

「でも、恋人っていうからには、恋愛関係じゃないと成立しないってこと？」

「いいや、それは、友達かもしれないし、または君を勇気づけてくれる職場の先輩かもしれない。さらには君が子育てで悩んでいる時に話を聞いてくれる習いごとの先生かもしれないね。
　そんな君を助け、導いてくれる人たちのことを魂の彼氏（略して魂《タマ》カレ）、魂の彼女（魂カノ）、同性なら魂の友達（魂トモ）と呼ぶんだ！」

「うわ！　なんかダッサ！」

「失礼な。僕は本気だよ！
　とにかく、君がやりたいと思うこと、自分の本質や使命に向かっていく時は、魂のパー

トナーが必要になってくるんだ」

「ちなみにそれって男女の違いってあるの？」

「性別の違いはない。だけど、役割の違いならあるよ。

女性はビジョンや感覚で様々なものを受けとるよね。

男性は現実的にどう動くかを考え、あれこれ落とし込んでいく。

君は女性だろ。だから君が受けとったイメージや理想を形にしてくれたり、現実化してくれることが得意な魂カレが来ることもあるだろう。

男性なら、自分の仕事や今やるべきことに対して動けるように、必要な言葉をかけたり、感性を刺激してくれるような提案をしてくれる魂カノが必要ってこと。

この世の中は陰と陽の2つの資質が重なり合ってできている。

だから男女で1つのことを完成させるのはバランスが良い。

ただね、ここがまたややこしい話なんだけど……。

その人が持つ要素自体にも陰と陽、2つの性質があるから、性別にこだわる必要がないこともあるんだ」

「その人が持つ性質？」

「そう。例えば華香の場合、女性だけど行動力があって、現実的でもある。それにリーダーシップを執ることも少なくない。

　これらの性質を総じて、『男性性』って言うのさ。

逆に、優しさとか包容力、アイデアや創造性を総じて『女性性』って言うんだ。

同じ人間の中にも男性性と女性性が含まれているってことだね。

この男性性と女性性がうまく絡むことでお互いを助け合う、パートナーが成立することもあるんだよ。

　なんにせよ魂の恋人が成立すると、宇宙のバランスが良くなるから、潜在能力や才能が発揮されたり、眠っていた特技を覚醒《かくせい》させたり、前に進むエネルギーを発動できたりするんだ！」

「へぇ〜。魂カレ、魂カノ、魂トモ。どの関係も素敵ね」

「でもね、残念なことに魂レベルで繋がっているから、この世界では自覚がないんだ。恋人同士のようにお付き合いするわけじゃないから、しょうがないんだけどね」

「じゃあ、どうしたらいいの？」

「直感を大事にすることだ。

困ったことがあってその人の顔が浮かんだなら、その人は魂レベルで繋がっている可能性が高いよ。

さらに会う機会が最近多いな〜と思ったり、なんだか共通点が多かったり、自分と性格的に似てると感じたり、その人の動きや思い、考えていることがなんとな〜く分かるという相手は、魂の恋人の可能性が高いかもね！

そして、魂の恋人は、1人じゃなくて、何人も存在しているから、見逃さないように気をつけてくれ！」

「うわー、結婚して15年。こんなに時間が経つと、そんなことすらすっかり考えなくなっちゃったけど……。

恋愛とは関係なく、人生をお手伝いしあえるパートナーって素敵ね♡」

「そうだろ華香。魂の恋人さえいれば、君の中で今まで絡まっていた人間関係や人生の糸

がほどけていく。いわば生き抜くためのパートナーさ。
それでは、このステージ、『人生のサポーターに出会う方法』はクリアとしよう。
お、ちょうどいいところに魂の恋人のお出迎えだ」

「え？　私の魂カレ!?　ひょっとしてイケメン？」

そう期待した私がバカでした。

「ようやく終わったようだね」

後ろを振り返って姿を見せたのは、白龍だったのですから。声が聞こえた瞬間、嫌な予感はしたんですけどね。

「もぅ。ロマンもなにもあったもんじゃないわっ!!　嘘だと言ってーーーーーー！」

現実逃避するように元に戻ると、そこにはもう大国主の姿はありませんでした。足元に鈴を置いて、早々と帰ってしまったようです。

華香は鈴を手に入れた。

鈴の使い方

拗《す》ねた時、意地を張った時に鈴を振ると
本当の思いが呼び覚まされるとか……

第5章 ブサイクの封印を解く！

～自分の中の魅力を爆発させる方法～

この日は都内の愛宕《あたご》神社に行く日
あ…あれ…？
なのに私たちは迷って
「烏森《からすもり》神社」に来てしまったのです！
これもなにかの縁かも
お参りしていこっか！
そんな気持ちで参拝していると…
す…鈴…
鈴を買ってください…
あ…
神さまの声!!
ひょっとしたら鈴がこの神社に売ってるかもしれない!!
探しに行こう!!
帰りに社務所に寄って
アメノウズメのとても小さな鈴を買いました

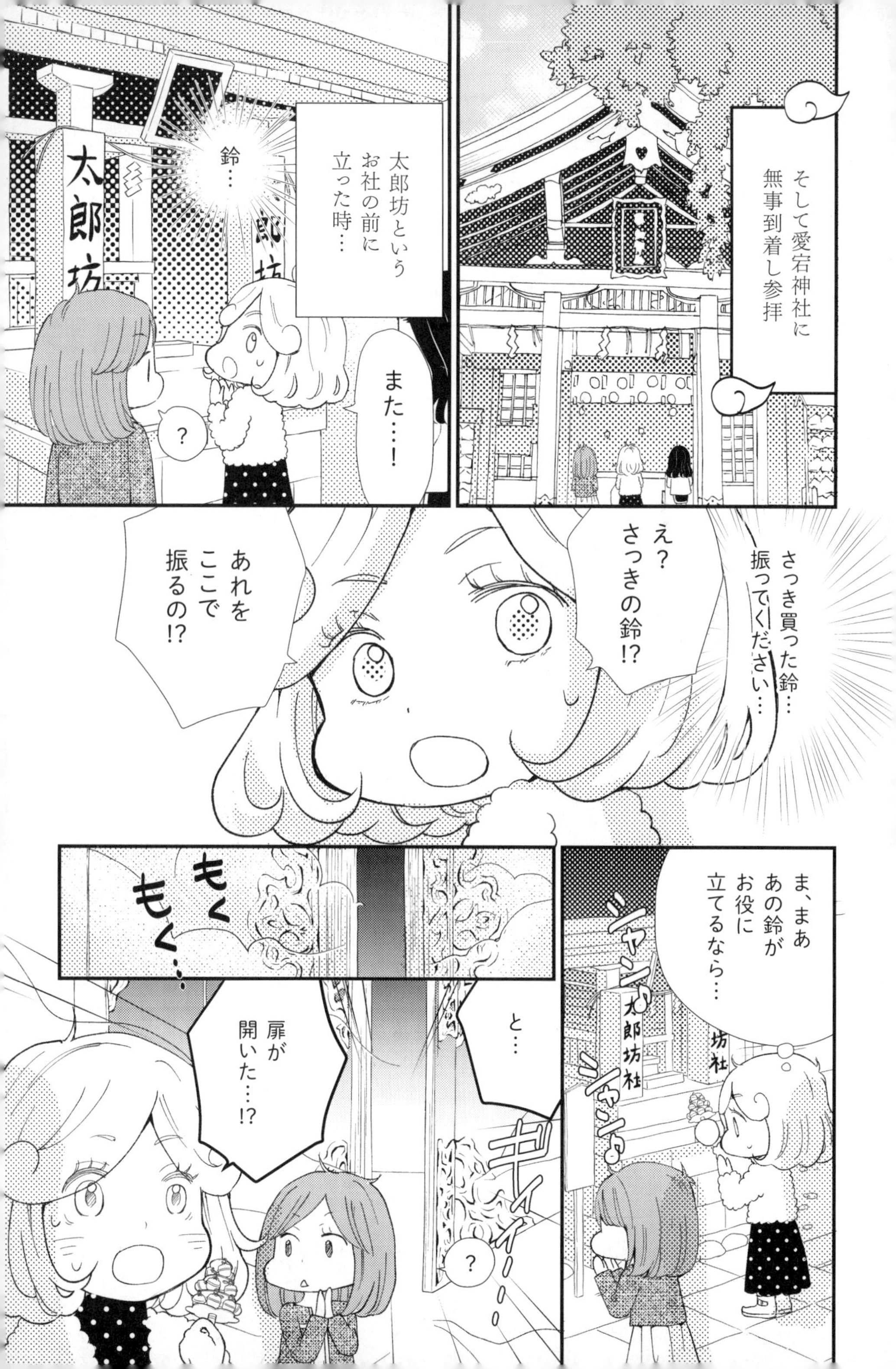
そして愛宕神社に無事到着し参拝
太郎坊というお社の前に立った時…
鈴…
太郎坊
また…!
?
さっき買った鈴…振ってください…
え? さっきの鈴!?
あれをここで振るの!?
ま、まあ あの鈴がお役に立てるなら…
シャン♪
太郎坊社
シャン♪
もくもく…
と…
ギィィーーー
扉が開いた…!?
?

そこには猿田彦《さるたひこ》がお祀りされていました
よく来たな華香《はなこ》！
ズウウウゥゥン
猿田彦さま！
猿田彦とは道開きの神さま
私たちが進む道を照らしてくれるリーダー的存在です
そしてさきほどの鈴の持ち主アメノウズメの旦那さまでもあるのです
あれ？でも…
奥さまのウズメちゃんの姿がない…
でも鈴を振ると猿田彦も喜んでくれるし…
シャン
シャン
そうして鈴を振ること数十回…
ボン
キャーやったー♡♡

やっっっと猿田彦さまと結ばれたわ——♡♡

華香ありがとー♡♡

さっきの声の主！

ウズメちゃんだったのね！

あったり——♡♡

？

それにしてもあなた噂通りね！

あ、あの噂通りって…

神さま界のインスタのこと？

そうそう！

これから女性のために神さまの情報を私が伝えるわね！

よーく聞いて！

は、はい！

せっかく女性に生まれてきたのに「私なんて…」という自己否定する女性がたくさんいるでしょ？

は、はい、私もその１人です…

特に子育て中
になると
自分のことより
子どもに精いっぱい！
うう…
耳が痛い…
日常に
忙殺されて
男性化してしまう
女性の多いこと！
ボヘー…
私のこと!?
ご…ごめん
なさいっ
女性が自分の
魅力に気づき
美しい本来の
自分を
開いていく
ママきれい～
すると世の中の
男性も子どもも
元気になって
いくのよ♡
詳しくレクチャー
するために
この人に憑《つ》くわね！
ゆ、優子さん？
私ね、人に憑くのも
上手なの！
烏森神社で
華香に憑いて
あなたたちをここに
連れてきたのよ！

女性たちをツバキに導く

優子さんを通してウズメちゃんから受けたのは次の指令です。


「華香、女性たちを『ツバキ』へ導きなさい。

ツバキへの入り口は4つの柱が立つところ。

神の中心から流れこみ、過去・現在・未来・自分という現実的なエネルギーに変換される地。

時は**二至二分**が入れ替わる直前。アマテラスイワト前。

それは女性の神開きとなるでしょう」


この時、ウズメちゃんが言っていることが正直、ちんぷんかんぷんだった私。

ツバキへ？　4つの柱？　なんのことやら……。そんなことをブツブツ独り言のようにつぶやいていると、優子さんが言うのです。

「わぁ！　華香さん!!　『ツバキ』って椿大神社《つばきおおかみやしろ》のことじゃないかしら？　それにえっと……4つの柱ってもしかして四日市？　私、三重県の四日市市出身でね、よく椿大神社に行っていたの」

「あ、あのさ、優子さん。今、あなたの後ろにいるアメノウズメちゃんが、鈴をシャンシャンシャンシャン振りまくってるんだけど……。これって明らかに『正解〜♪』って意味かと……」

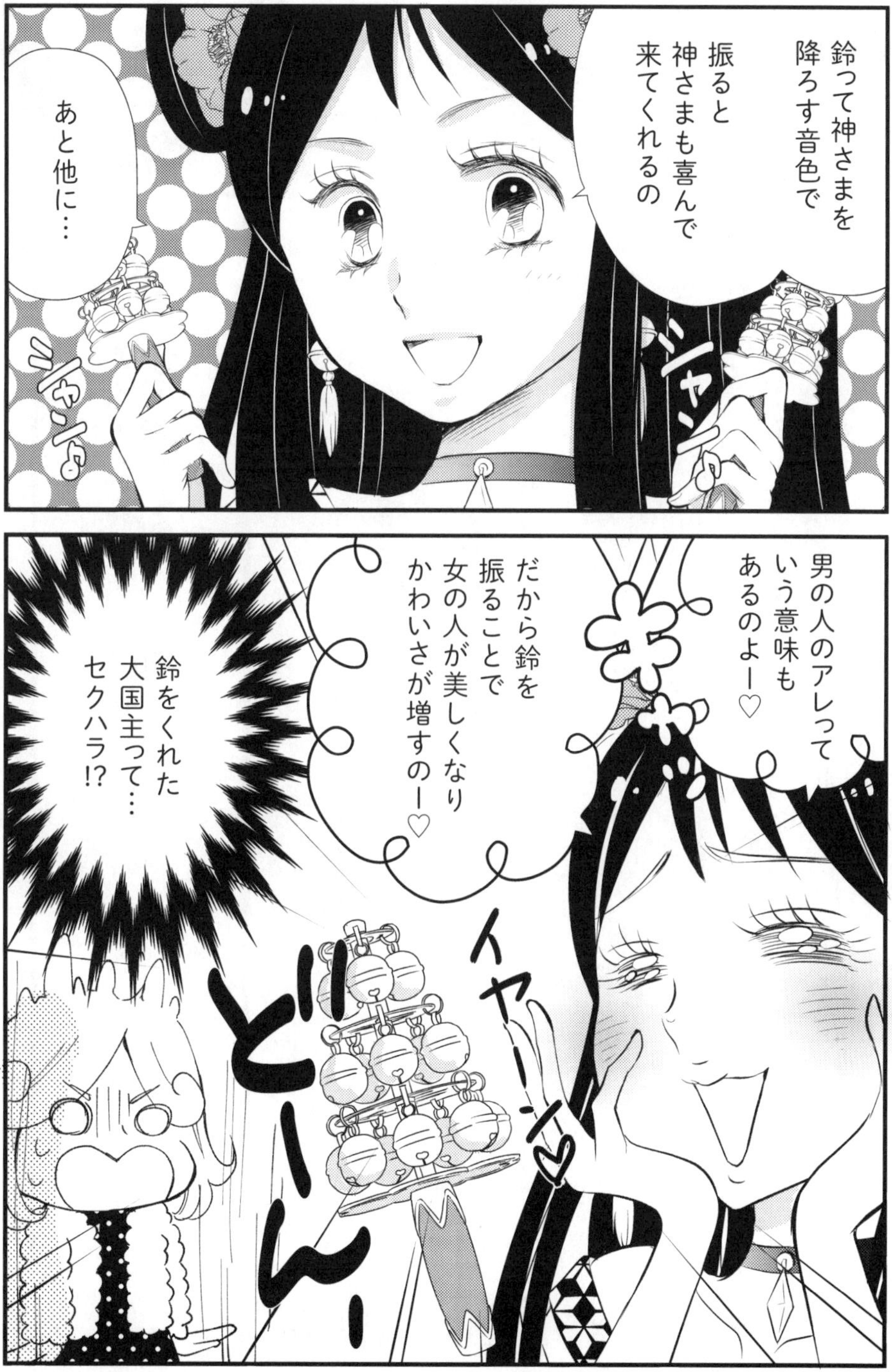
鈴って神さまを
降ろす音色で
振ると
神さまも喜んで
来てくれるの
ジャン
あと他に…
シャン♪
男の人のアレって
いう意味も
あるのよー♡
キャ
だから鈴を
振ることで
女の人が美しくなり
かわいさが増すのー♡
イヤーン♡
鈴をくれた
大国主って…
セクハラ!?
どーん!

偽物の神、現る！

「わぁ！　おもしろ～い♡　椿大神社って猿田彦さまをお祀りしているんだけど、確かあそこにウズメちゃんのお社もあったわ！」

と優子さん。

「ここまでのウズメちゃんの話をまとめるに、自分責めをしてしまったり、女性である自分に自信がなかったり、どうやって生きていけばいいか分からない女性たちを椿大神社に連れて行けってことかしら？」

そんなふうに考えていると、ウズメちゃんはニヤリと口元を開き……。

「ふふふ。よく分かったわね。その通りよ。

さぁ。私は真っ赤な椿が川に沿って辿りつく岸で待ってるわ。

華香、ここへ開かれしことを決めた88名を連れて来なさい！

そして、彼女たちは祭りの後、愛する魂と結ばれる！」

そう言ってウズメちゃんは、私たちの前から「ボン」と消えていきました。

入り口は三重県の「四日市」。女性88名を集めて、椿大神社（のすぐ隣の椿岸《つばきぎし》神社）に連れて行く。

私はそんな壮大なる神さまミッションを受け取ったのです。

ところで、ウズメちゃんの言葉にあった、「**二至二分**」とは春分、夏至、秋分、冬至を合わせた名称のことを言います。

当時はちょうど冬至前。そこで私は、覚悟を決め、冬至の2日前に椿大神社にてイベントを開催することにしました。

そもそも88名の女性はどうやって集めるつもり!?　とお思いの皆さま。神さまミッションとは本当に不思議なもので……募集をかけてすぐに、定員がいっぱいになるのでした。

普段であれば、会場の下見なんてしないガサツな私ですが、88名の大所帯です。今回ばかりは、下見に行ってみることにしました。

ところがこの下見によって私はとんでもない事件に巻き込まれることになるのです。

皆さんは「神さまにも偽物がいる」って言われたらどう思われますか？

私、出会ってしまったのです。偽物の神さまってやつに……。

椿大神社(椿岸神社)の下見に来ました
わあー…
マイナスイオンがいっぱーい♡
ステキな神社ですねー
ちょっと華香、遅いわ〜
ポン
あ、ウズメちゃん!
でもあんた、本当に神さまが言ったことするからめっちゃおもろい!
神さま連中もあんたって超遣いやすいお遣いワンちゃんって言ってるで
アハハハハ
てか、パシリ!?
それってほめられてるのかな…
でも神さまって結構毒舌で人間くさいからな…
ちょっとムッ
私のー
私のよ
ウズメちゃん今回、88名以上の女性をここに連れて来られそうよ
当日は忙しいから今伝えたいことを伝えてもらえる?
分かった、分かった

うちが伝えたいこと…
それはな、女性が自分を生きれば幸せになれるってことやねん
お迎えに行ったら買い物してご飯作って…
あ…たまってる家計簿つけなきゃ…
たまにはお惣菜でいいよね！。
今までの我慢ばかりの生き方はもう終わり！
これからはもっと自由で心のままに生きることが幸せに繋がってくねん
あれしなきゃ
ホントは休みたいよー
こーしなきゃ
友達とお茶したーい！
だって本当の望みって頭よりも心がよーく知ってるもん
だからそのことについてじっくり話させてもらうで！
あ、ありがとう…
気のせいかな…ウズメちゃんいつもと雰囲気が違うような…
ニヤ

ニセ神からのウソバイス

ウズメちゃんに対して少し違和感を感じていた私ですが、マシンガンのように話しはじめた彼女を止めるタイミングをすっかり逃してしまいました。

「女やから、ママやからって、なんでも我慢したり、子どものためやって、いろんなことを犠牲にする生き方は、自分にストレスを与えるだけ。

女とかママとか、今立たされている役割にとらわれずにもっと自分の思いを貫き通すところに幸せってあるんよ。

例えば、夕飯を作りたくないんやったら、作らんかったらいいやん！

だって、イヤイヤ作られても美味《おい》しくないやろ？

ママが気持ち良く、快適な状態のほうが家庭に良いエネルギーが流れるってもんちがう？　嫌なことをすると家族が暗くなるからやめちゃえ、やめちゃえ！

例えば、子育てやって、子どもがビービー泣いてるなら、放っておけばいいやん！子どもは自分で育つ力、持ってるし！

子どもやからってなんでも許されてると思ったら大間違いや！　甘い、甘い！

親が小さいうちから、甘やかしたり、かまいすぎると、子どもはつけあがって自分でなんにもできなくなるってもんや！

人生は思った通りにはいかないって早い段階から教えて、自分でできるようにするべし。そんなんやから、子どもにクソババアとか言われるんや！」

「（なんか今日のウズメちゃん話し方、変？　まあ、いっか）なるほど。確かにうちの兄も母にくそババアって言ってた！　それにうちの母はとにかく兄に甘かったなぁ。

今になって思うと、自分の子育てが至らなかった罪悪感から、兄を甘やかして下女《げじょ》に成り下がってたのかもしれないけどね」

「そうそう。自分が母親としてダメやって思えば思うほど罪悪感を持って、子どもの下女に成り下がる。子どもを命懸けで産んだのにもかかわらずな。

子どもは天使やない。相手を自分都合でコントロールする悪魔や！

そうやのに、ママやから子どもをちゃんと育てなって、自分で呪縛《じゅばく》をかけてがんじがらめになっちゃってる。そのせいで、抑圧がのしかかって、自分がなにをしたいか、どう生きたいか分からなくなっちゃってるねん。まったく！

誰かの目や常識、役割で生きてたら、人生の主導権はあんたじゃなくて、誰かになっちゃうやん？　そんなんじゃ自分の生まれてきた目的なんて分かるはずないねん」

「た、確かに……。よく分かる。でもさ、子どもがいたり旦那さんがいたり、誰かがいてこそ、私たちって成り立っていることもたくさんあるんじゃない？
だから、みんなが幸せであってほしいし、みんなが心地よく過ごしてほしい。
私だけじゃなくて。そのためには少しの我慢もしながら……」

「あーあー！　出た出た、いい人！
華香って変に真面目やわ。だからモテへんし、クソつまらんって言われんねん。はぁ〜、自分がなくていい顔しいの、ぶ・り・っ・こ・ち・ゃ〜〜ん」

「あのぅ。いくら神さまだからって、そんなにズバズバと……。もうちょっと言葉遣いっ

てもんが……」

「今の華香って、キレイごとで自分を汚さない生き方をしてるけど、その奥には、良い人だと思われたい、好かれたいっていう自己承認が見え隠れしてるわ。
遠回しに気持ちを伝えたり、折衷案なんて生ぬるいことを言ってたら、個性も一瞬でかき消されちゃうで～！
もっと女としての魅力を出すには、自分がどうしたいかっていうのを貫き通さんと。もしけんかになったら、『なんだとこのやろう。なめんじゃねえ』くらいの度量が必要。そして時には自分を大切にするために裏切りも必要よ。峰不二子だって『裏切りは女のアクセサリーよ』って言ってたやん♡」

「う～ん、私ってけっこうカタブツ。でもそれは嫌われたくないから。
だから言いたいことを言わないで心にしまう癖があるの。
しまいには『女版の高倉健』なんて言われちゃう」

「そうそう。華香は、ケン・タカクラよ（笑）。あんた、不器用ですから～！
でもって、それって華香だけじゃない。

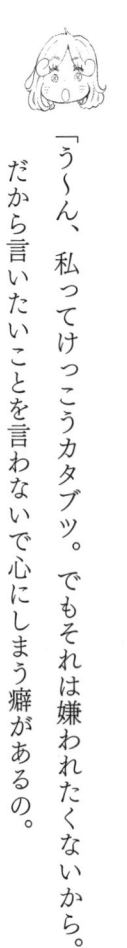

現代の女の人って誰かのために生きてきた昔の思いをそのままくり返して、ケン・タカクラ化してるねん。

時は令和だってゆーのに、言ってること、やってることが昭和や、ショウワ！」

「……はい。いかんせん昭和のぶりっ子世代ですので……。

ついつい良い人でかわい子ぶりっ子が板についてます。

でも、好きなことをやって生きるなんてしたら、それこそ罪悪感で押しつぶされて発狂するわ。だから自分のためにお金を使うなんてできないの。全部後回し！

ねぇ、ウズメちゃん。この昭和の華香に、勇気をちょうだい。って昭和より果てしなく古い時代を生きたウズメちゃんからアドバイスってなんか変だけど。

まぁ、故《ふる》きを温《たず》ねて新しきを知る、なんて言うものね。

時代は古いけど真実はいつでも最新。

さぁウズメ女帝、どうぞご指南くださいませ」

本当は飛びたい時に飛びたい

「あんね〜。罪悪感がうずくとかいってるけど、もっと自分に甘く、やわ。

お金とかも使ったほうがエネルギーもどんどん回って、じゃんじゃん入ってくるって話〜！

出して空っぽにしたら、新しいものが入ってくるスペースができる、っていうやん。まずはお金使って練習せい。

人間関係も同じでな、合わない人はじゃんじゃん切っていくねん。

あんたたちを苦しめる人や、合わない人は波動が低いってこと。

新しい高い波動のあんたにぴったりな出会いがやって来るんよ♡

嫌いな人はステージが違うから、合わなくなったのは、あんたたちがもっと次元上昇してるってサイン♡」

「ほ、ほほう、そんなにわがままに生きていいのね！　なんだか羽が生えた気分よ！　私、飛びたい時に、飛びたいところへ、飛びたいだけ、飛んでいける！」

「その調子、その調子〜♪

　そしてな、例えば約束ごとがあったにしても嫌になったら断りなさい。

　最初から断るくらいずっとモヤモヤしてたんやろ。

　その自分の感覚に従うねん。そして断ることで、あなたたちも本音を言えて自分に嘘をつかない練習にもなるし、断った相手も、これにより学ぶことがあるわ。

　誰かに迷惑かけるより、自分を苦しめるほうがよっぽど世界に迷惑かけるで。

　だって、世界はあなたが中心で動いているんやから。

　約束をキャンセルしても、それは行くタイミングじゃないってだけの話。

　なるべくしてなったんや。それこそが宇宙の仕組み」

「ウズメちゃん、本当に言うことが大胆ね。

　確かに、自分にお金が使えない人や、嫌いな人と無理やり付き合うと、あとでど〜っと疲れてる。最後はそんな自分がますます嫌になって、イライラして子どもや旦那にあたっちゃう」

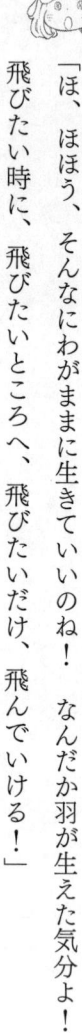

「だからな、欲しい物や心が命じるものはどんどん買うねん。

そしてエネルギーを回す。

人もお金も同じ。じゃんじゃん回す。それが自然。自然淘汰《とうた》。

なのになんで罪悪感が出てくるの？

そして華香。かわいいを開きたいなら、イケメンのナイスガイに恋しなさい。

恋や、恋♡　恋愛こそが最大の美容液。我慢はダメやで。

だってな、家の中で女を捨てたママがムッツリ過ごすより、ママがときめいてルンルンご機嫌でいるほうが家庭は円満やろ～？　あ、さっきもこれ言ったか。うふ♡」

「確かに、ママの平和は、家庭の平和。ママがご機嫌であれば全ては回るわ。
よ～しそうと決まったら、家でジャージ姿で、おしり掻《か》いて、おせんべ食べてるより、お金使って、やりたいことやって、ヤりたい時にヤりたい人とヤって、イキイキしてたほうが子どもも嬉しいわよね」

「よ！　マイケル富岡！　高倉健は卒業ね！
子育てだって、しなきゃいけないっていうのはもう古いわ。子どもは勝手に大きくなる。ダメな母親のほうが子はしっかりするってもんや。

だからママがキレイであればいいし、ご飯なんて煩わしいものを作るより、買ってきたほうがよっぽど美味しいやん！」

「ふむふむ。すなわち話をまとめると、自分を生きるっていうのは、人のことよりまず自分の心の声を優先するってことなのかしら？」

「そう。さすが華香、飲み込みが早いわね♡
自分の心にいかに正直でいるか。
自分に嘘をつかないでまっすぐに生きて行くか。
相手のことばかり考えて怖がってたら一歩も進まへんよ。
嫌なものを嫌と言う。嫌いな人は切る。
嫌われて上等。ただ合わない人とは波動が違うだけ。
だから、人の役に立とうとなんて思わなくってもいい」

「なんだろう、ウズメちゃんの言葉って、まるで抑圧ばかりしてきた私の蓋《ふた》を一気に開いてくれる麻薬みたいね。もっとちょうだい！　もっとちょうだい！」

「麻薬、追加オーダーいただきました〜！

世間で言うわがままな女ほど、本音で生きてて、魅力的。だから美しく、本来の個性で溢れてる。

男ってな、そんな女の欲望を叶えてあげて自己価値を得ようとする生き物やねん。たくさんの男が、ついつい寄せつけられちゃうわ。

だからもっと本音ではっきりと生きてもいいねん。そうするとすべての宇宙のバランスがとれて良い方向に流れ出す。

さぁ。本当の自分を生きることをみんなに伝えてちょうだい」

「な、な、なるほど。自分を生きるって案外簡単なことなのかもしれない。
だって思ったことを言えばいいし、感じたことをやればいい。
相手のことを考えなくても大丈夫。
それは絶妙な宇宙のバランスの上に成り立っているんだから」

きっとこの時の私の目つきはイってたと思います。でも、こういう時って自分では気づけないものなんですよね。

気を良くした私は、さっそくこのウズメちゃんとの会話の一部始終を一緒に下見に来てくれていた2人に伝えました。

すると、2人の顔がぱ～っと明るくなって、

「我慢しなくていいんだ♡　旦那とがんばって折り合いをつけなくてもいいんだ。自分の好きを貫いたほうが旦那は幸せだし、あわよくば悪女になれば魅力的だから旦那は尽くしてくれるのかも♡」

とか、

「いっぱいお金を使ってあげることが、旦那のモチベーションを上げるってことなのか」

と大盛り上がり。

スッキリした様子でエネルギーを取り戻していく様子が分かりました。

あぁ、神さまとお話ができることで、喜んでくれる人がいるって本当に嬉しいな。良かった～。

でも……、

でも……、

満足感はあるけど、エネルギーが湧き上がる感覚がないのは、どうしてだろう……。

歯に挟まった鶏肉のように、私の心の奥底になにかが引っかかっているのが分かりました。

神さまの言葉なのに。とっても納得したのに。

なんでだろう。

でも、私は、**「自分の都合の良い生き方こそが幸せになる」**。

そう思いたかった。

だってずっとずっと我慢ばかりしてきたから。

もう、誰かのためには生きたくない。

そんな違和感をずーーーっと抱えたまま、私は88名を椿大神社に連れて行く当日を迎えることになったのです。

真っ赤で可愛いお社の「椿岸神社」

当日は、四日市駅に集合して、大型バスで、椿大神社へ向かいました。

しばらく田んぼ道を走ると、いよいよ目の前に現れた椿大神社。

本殿のすぐそばにあるのが今回の目的地、アメノウズメちゃんのオヤシロ「椿岸神社」。真っ赤なとてもかわいいオヤシロです♡

拝殿に一同が上がり、正式参拝とご祈祷《きとう》をしてもらったのですが、ウズメちゃんの姿が見えません。

「あれ～、せっかく88名を連れてきたのに～」

そんな不安に駆られていると、ご祈祷中、ついに彼女は奥からチラッと姿を見せてくれました。

ただ……ウズメちゃんが放ったのは、たったひと言。

「よかったわね」

それだけを言い残して消えていったのです。

いつもなら「ボン」と現れ、怒濤のメッセージをくれるのに……。

あの麻薬のようなメッセージをもう一度聞きたかったのに……。

モヤモヤした気持ちは拭《ぬぐ》えませんでしたが、88名の女性たちに楽しんでもらうべく、そのことは一旦忘れて、会場を盛り上げることに専念することにしました。その甲斐《かい》もあってツアーは大盛り上がり！

たくさんの女性たちの笑顔とともに、ツアーは閉幕を迎えました。

次の日。この日は別のお仕事で伊勢に向かう予定になっていましたが、前日の高揚感のせいか、予定より3時間も早く目が覚めた私は、ホテルの近くにあった「諏訪《すわ》神社」を訪れました。

まさかこれがきっかけになって、ウズメちゃんがたったひと言で姿を消した理由が解けることになるだなんて、この時の私は知るよしもなく……。

四日市の街を歩いていると…
華香、昨日はおつかれさま――♪
ぴょこ
あ、ウズメちゃん!
なんで今!?
椿岸神社ではこっちをチラ見しただけだったじゃない!!
だって華香ったら超忙しそうだったんだもの
た…確かに…
こっちに行きまーす!
はーい!
皆をまとめることで頭いっぱいだった…
大忙し!!
えーと次はあーしてこーして…
でもちゃんとあなたに憑依《ひょうい》して必要な言葉はぜーんぶ届けたから安心して
え?憑依!?
ペラ ペラ
どーりで言葉がペラペラ出ると思ったあ!
諏訪神社に急ぎましょ!
うん!

諏訪神社——…
わあー…
すっきりとした エネルギーー！
いつでも「おかえり」と 迎えてくれる 近所のカフェみたい！
華香、じゃあ レクチャー 始めるわよ！
うん！
①自分と 向き合うこと ②自分を 大切に すること
それが今回の 女性の魅力を 思い出す テーマ だったわよね
う…うん
華香、 そのテーマ 頑張ってみた？
う、うん じつは…

あれから
いろんなことが
あったの
人から
嫌な思いを
ぶつけられたり
ガーン
ぶった切られたり
どうして
うまく
いかないのかな……
傷ついたことも
あったわ
でも
本音を
言わないと
進まなくて
私はこう思う!!
怖かったけど
頑張って
本音を
伝えたよ
エライわ
華香!!
でも
ウズメちゃん、
どうしても
分からないことが
あるの
なあに?
「自分が
ご機嫌だったら
全てうまくいく」
それは分かるんだけど
自分の意思を
通して
その時は
気分良くても
GO!
相手との
関係がぎこち
なくなるのは
私はやっぱり嫌なの

自分のことも大切だけど
次はあなたのプランでいこう！
ありがとう
周りとの調和も大切にすることが私には心地よかったの！
その心地よさが私には自分を大切にすることに繋がったの！
人も幸せになると
自分も幸せ♡
あ、別にいい子ぶってるわけじゃないからね！
ホントの気持ち
分かったわ
「自分を大切にする」って難しいわよね
一歩間違えればわがままで嫌な女になってしまう
そうなのそうなの！
そこを丁寧に見ていくことがカワイイ女のたしなみよ
しっかり見ていきましょ！
うん！

特別授業

1 自分を大切にして自分と向き合う方法

講師 アメノウズメ

さーて、さっそくだけど、「自分を生きる（貫く）」と「わがままの違い」について解説していこうかしら。

❶「自分を生きる（貫く）」と「わがままの違い」について

あのね、自分を大切にする＝自分の好きなこと、欲求をただ満たすだけではないのよね。

例えば、「旦那さんが話を聞いてくれない、分かってくれない」からって無視したり、自分の気持ちを優先して相手に嫌な思いをさせてまで進むのが自分を大切にすること？

子どもがギャーギャー言ってるけど、ほっといて自分を優先するのが自分を大切にすること？

時には、それも必要なこともあるわ。でも、そうするのは、まず次の4つのステップを試してみてからにしてほしいの。

ステップ1　自分がどうしたいかを知る、伝える。～自分の本音を伝える～

本音はあなたを導くナビゲーター。最初にあなたの思い、本音、したいことが相手にしっかりと伝わってるかどうかの確認をしてみてね。

ヒステリーにならず、ダメだと思い込まず、伝えてみてね。

ステップ2　相手はどう感じてるか、思いを馳《は》せる。～歩み寄り～

相手はどう思ってる？　感じてることなど、言いたいことも聞いてみる。

ステップ3　自分や相手と向き合う。～やれることはないか～

お互いのために「やったほうがいいこと」があるのに、それをしないで、逃げてることはない？

やれることはやってみて。そして、どうしたら良いか、どうしたら相手もスムーズになるかも考えてみてね。

ステップ4　状況を明らかに見ていく。～貫くところは貫く～

それでも状況が変わらない場合は「諦める」。

それは投げ出すのではなくて、「明らかに見ていく」ということ。

明らかに見た時、貫き通したほうが良いと思ったり、どうしても通したいと思ったところは、自分のために貫く。

自分の思いだけをいきなり伝え、相手を考慮しないで貫くのは、時として自分勝手になってしまう。でも、今まで我慢ばかりしてきた人って、自分を大切にすることに慣れてなくて、ずっと人のことばかり考えてきたから、そのさじ加減が分からなくなって、自分勝手のほうに大振りしやすいので、注意してね。

次は、自分自身を理解する方法についての解説よ。なぜ自分自身を理解する必要があるのかって？　だって、自分自身のことも分からないのに、自分を解放してあげられるわけないでしょ！　と言っても、自分のことって自分が一番、分からないものよね。

だからこそ、今から紹介する方法が有効なの。「相手を知ることで自分を知る」って方法よ。

❷ 相手はあなたの写し鏡

子どもや旦那さん、お金、その他、起こる様々な出来事・問題があるけど、この意味はね、**あなたが課題を乗り越えるため＝自分と向き合うために起きているの。**

例えばさっきの旦那さんと子どものパターンで考えると、あなたに、もしやりたいことがあっても、旦那さんが「ダメ」と言ってきたり、子どもが熱を出して、時間やお金が回らないことがあるわよね。

そういう時って、「旦那さんや子どものせい」って思うかもしれないけど、それは違う。心の奥底であなたが、「やりたくない」とか「決めきれていない」ことが多いの。

だからあなたの心の奥底の声を、旦那さんを使って「やめろ」と**言わせたり**、子どもが熱を出して、やらないように**してくれている。**

誰かや時間、お金など目の前のものを**使って**、自分が進まないようにお手伝い**させてるの。**

だから、「なにか邪魔が入った」って言うのは単なるダミー。

本当はあなた自身がストップをかけているのよ。

そしてそれは、ストップをかけることで、「変わらなくていい」とか、「めんどくさいことから逃れる」っていうメリットを隠し持っているの。

目の前に起こっていることをよ〜く観察してみてね。

幸せを実感できないのは理由がある

「どうだったかしら、私の授業。

ところで、幸せも同じだからね。

『幸せになりたい』と望んでいても、無意識に『**私なんかが幸せになっちゃダメ**』って思いを持っていることがあるの。びっくりだけどね。

だから幸せになりたくても、心の奥底では抵抗して、結果、幸せにならないように封印をしてしまってるケースって結構多いのよね」

「え〜！　そんなあ。絶望的なんですけど〜！

だって、深いところで望んでいるだなんて、そんなの分からないじゃない。

ねえ、ウズメちゃん、そんな時は、いったいどうしたらいいの？」

「大丈夫。ちゃ～んと封印を解く方法があるから安心して。ただ、封印には2種類あることを知ってちょうだい。

・スムーズに解ける封印

・なかなか解けない封印

の2種類よ」

「スムーズに解ける封印？　なかなか解けない封印？」

特別授業 2

幸せになれない封印を解いて、望む人生を手に入れる方法

講師 アメノウズメ

さ～てさっそくだけど、「スムーズに解ける封印」のほうから解説していこうかしら。

1. スムーズに解ける封印（もともと軽～く設定してきている封印）

今回の人生で大きな課題にしていないため、すぐに解けるのがこれ。

例えば、外見。外見にあまり大きな課題を持ってきていない人なら、メイクやエステなど少しの努力で理想に近づいていけるの。

2. なかなか解けない封印（人生の中で大きく学ぶテーマ・課題）

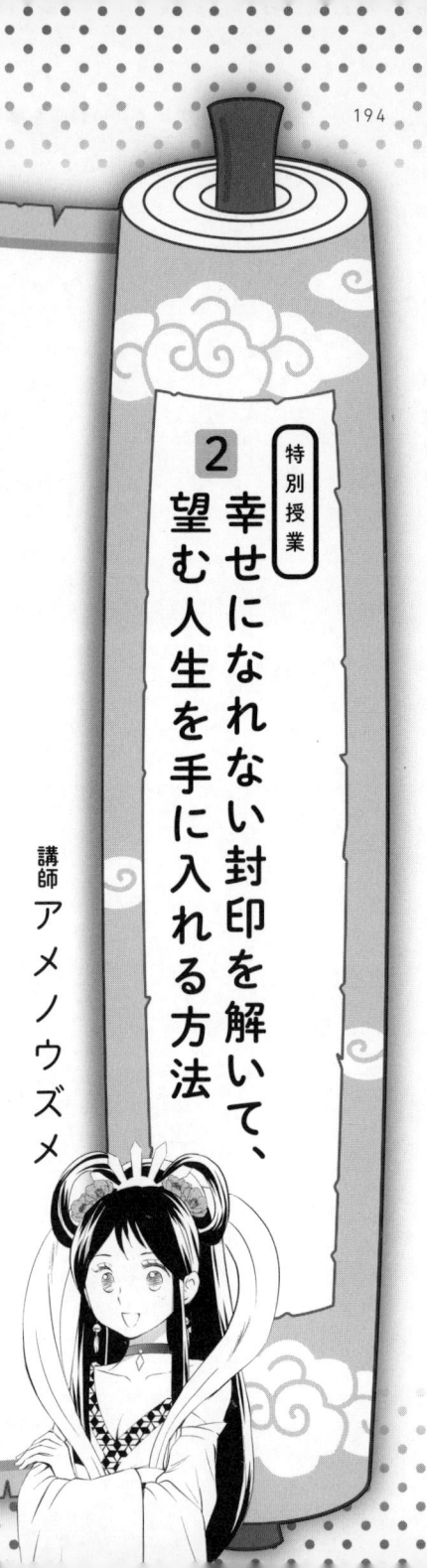

こっちがとっても厄介なのよね。

あなたが大きく成長するものとして設定しているからこそ、大変で、時間がかかって、なかなか解けないようにロックがかかっているの。

でも、そのロックを外して次に進むために、同じ課題が人生に何度も訪れるようになってる……。

本当に大変で、めんどくさく感じるから、ついつい気づかないふりして逃げてしまうんだけど、逃げてもまた同じことが起こることってなぁい？

例えば付き合う男はダメ男ばかりとか。でも、それはあなたの魂が課題として設定しているからよ。

魂って、なんでそんなドMなことをするかっていうと**課題に向き合うことで進化・成長する特性を持っているから。**

宇宙や地球ってね、常に進化成長していくものなの。

それに合わせてここに住む人間も成長しているの。

そのために、何度も何度も逃げても、向き合わせるために問題をくり返したり、大きくしているってわけ。

では、ここでなかなか解けない封印を解くポイントをレクチャーしましょう。

❶自分のパターンに気づく

あなたの中で苦手なタイプの人やお金など、躓《つまず》きやすいパターンはなぁい？

例えば、いつも抑圧的な人が現れて我慢しないといけない状況になるとかね。

その人生によく起こるパターンに気づくだけでも大きな一歩よ。

❷パターンを変えたいと決める

そのパターンを変えたいと思えますか？　自分に素直に聞いてみてね。それで、変えたい！　って思うなら、次に進んでちょうだい。

❸嫌な感情を完了させる

嫌だった経験やパターンを通して苦しんだ感情、分かってもらいたかった思いを「今」のあなたが理解してあげてほしいの。

「抑圧されて嫌だったね」

「我慢ばかりで苦しかったね」

という感じでね。自分が絶対的に自分の理解者になって分かってあげてね。すると感情が完了するわ。

❹ 学びに気づく

そのパターンの経験からあなた自身で学んだことはあるかしら？

さきほどの例ならば、抑圧的な人ばかり来るってことは、「私は私を縛っているのかもしれない」「自分にダメ出しばかりしているのかもしれない」。だから抑圧する人が現れたのかもしれないわ。など、自分に対してどんなことを心の奥底で思っていて、それが映し出されていたかをチェックしていくの。

気づくことがあったら、とにかく書き出してみてね。

❺ 封印から出るキーワードを知っていく

うまくいかないパターンや経験を通して、神さまはあなたになにを伝えようとしたのかしら？

「もっと自分に自由におおらかにね」とか、「心の声を大切にしてね」とかかもしれないわね。

❻ 経験を感謝に変える

もし、その封印していたキーワードが腑に落ちたなら、そこに気づいた出来事やキーパーソンなどに対して、「ありがとう」と感謝してみてね。

そして、あなたの気づきや成長のために、それらが起きたと捉えられたら最高ね。

ありきたりだけど、やっぱり**感謝のエネルギー**こそが、人生の封印を解く一番の鍵になるの。でもね、だからと言ってただ感謝すればいいっていうのは違うわ。**物事が起きた意味に気づき、必要な経験だったんだって腑に落ちた時に感謝が湧き出てくるものなのよ。**

過去にあなたが経験したことが1つずつ感謝に変わる時、それがあなたの**「今」**に繋がるわ。そして**「過去」**と**「今」**を受け入れられた時、軽やかな風と共に、新しく望む幸せな**「未来」**が待っている。

そして、最後にこれだけは言わせてほしい。

あなたはもっともっと幸せになっていい。
どれだけでも幸せになっていい。
欲ばってたっていい。
無限の幸せをいつでもどこでも手に入れていい♡

ブサイクの封印を解き放ち、かわいいあなたが神開く

私はこの話を聞いた時、ずっとずっと昔の時代に生きた、いわゆる「過去の自分の姿」が見えてきたのです。そう、つまり前世の自分です。

その姿は「采女《うねめ》」でした。

采女とは……朝廷のために身も心も尽くした若い女性たちのこと。

やりたいことをするとか、自分の意見を言うなんてありえない。

「女性」を楽しんだりすることもなく愛する人と結ばれることも叶わなかった。

私は思い出してしまったのです。**「生きるため」に自分を封印してきた過去を。**

そしてこの四日市には「采女町」と呼ばれる場所が存在していたのです。

ひょっとして、過去に私は「采女」としてこの地にいたのかもしれない。

それは感覚的なことで、はっきりとはしない。だけど、もしそうなら「魂」は、その遥《はる》か昔の願いを持ち越して、その願いを叶えられそうな時代を探しながら、今、ここにたどり着いた。

今は、ようやく女性を楽しんだり、かわいくなることも、願いを叶えて自分らしく生きることもできる時代です。そして愛する人と結ばれることだって当たり前のようにできる……。

「過去」と「今」が受け入れられていく感覚が手に取るように分かりました。そしてその先に軽やかな未来が待っていることも。

「カチッ」

私の心の中で鳴ったその音は、どうやら、次の一歩を進むための封印が解かれる音だったようです。

封印が解かれて身が軽くなった私は、その勢いのままずーーっと疑問に思っていたことをウズメちゃんにぶつけたのです。


「ウズメちゃん。下見に行った時と、今のウズメちゃん、なんだか言うことが随分違わない？話し方も」

「あ、気づいちゃった？」

「え……気づいちゃった？　とは⁉　どういうこと⁉」

ウズメちゃん 下見の時と 今、全然 雰囲気 違うよね
そりゃそーよ だってあれは 私じゃなくて あなたの前世
采女時代の あなたの魂が 私に変身した 姿だもん！
え… ええ—— …？
采女時代の あなたは 好きな人が いたけど 引き離されて
朝廷に 献上されて 一生仕えさせ られたの
うう…
な、なんて 悲しい 前世…
その時の 悔しさや憎しみ、 自己否定の 気持ちが 今でもあなたの 魂の奥底に あるの
キレイで あったら 幸せに なれない…
その魂の傷によって 気づかぬうちに 自己防御として
自分よがりな 態度や 言動を とったりしたの
うっ！
図星!!
人は誰もが そんな 「魂の傷」を 持っているのよ
じゃ… じゃあ どうしたら いいのかな？

光と陰のらせん階段を登っていく

「あれは私じゃなくて、あなたの前世よ」

そんなカミングアウトに驚きおののくヒマもなく、ウズメちゃんは、続けざまにこんな話を私に教えてくれました。

「人は、必ずブラックな感情も併せ持っているの。

でも、それは悪いことじゃない。ただあるだけよ。

この世界は2つのもので成り立っている。いわば光があれば闇もある。2つが支えあうことで存在している。

そして、それこそが人の進化成長には必要なこと。

光の部分を見て高い視点を身につけたり、陰の部分が出てきて独りよがりに戻ったり。それらを交互に体験することで、**弱くて自分勝手な自分をも認めていけるようになるの。**

光を見て、陰を見て。光を見て、陰を見て。それはまるでらせん階段のように。交互にくり返すことで、結果的にどんどん上に登っていく。

こうして気づいた時には、とんでもなく高いところにたどり着いているの。

ただし、こうやって光と陰を交互に見ることは1人では叶わない。なぜなら宇宙は、「自分って何者？」という疑問から始まったから。

自分がどれくらいの高さまでたどり着いたのかを測るためには、もう1人の誰かが必要でしょ？　たった1人のクラスのテストで100点満点をとっても、それがすごいことなのかどうかなんて分からない。

もう1人の相手を見つめ、認め合えた時、新たなピースがはまっていく。そのピースがどんどんはめられることでこの世界の大きな1枚の絵になっていく。そしたら、また新しいピースを探す旅に出る。

だから、大切な人を大切にする。それは自分を大切にすることと同じことなのよ」


「華香、なに泣いてんだ⁉」

「ん？　誰の声？　って、白龍かい！　もうこの展開、飽きてきたんですけど！」

でも、ウズメちゃんの話を聞いた私は、不思議と白龍までもが愛《いと》しく思えてきて……。

ガラにもなく、この、日に日にたくましくなる白龍を私はそっと抱きしめたのでした。

ところで不思議なことに、後日、ウズメちゃんの椿大神社ツアーに参加した女性たちから、うれしい報告がたくさん届きました。

出産を機に止まっていた生理が再開したり、更年期で生理が終わったかにみえた人が生理になったり。子宮系の病気や乳がんが良くなったり、そして、あの後、赤ちゃんができたり。

きっと、「女性であること」の深い魂の課題を超えられたからかもしれません。

「華香……。よかったわね」

「あ！　ウズメちゃん、今の『よかったわね』って、ご祈祷の時にひっそりと言ってくれた、あの言葉よね？

それって『繋がってる』っていう未来の気づきを見越して言ってくれたの？」

「さぁ、どうかしら。それはまたのお楽しみに♡

それじゃ、このステージ、『自分の中の魅力を爆発させる方法』はクリアとしましょう。

さぁ、華香。今度はこれを持って、命について学んできてちょーだい」

そう言って、ウズメちゃんは「ボン」と私の前から消えていった。

華香は
ひかりの珠《たま》を手に入れた。

ひかりの珠の使い方

愛し愛されたいと願った時、
真実の世界が映し出されるらしい

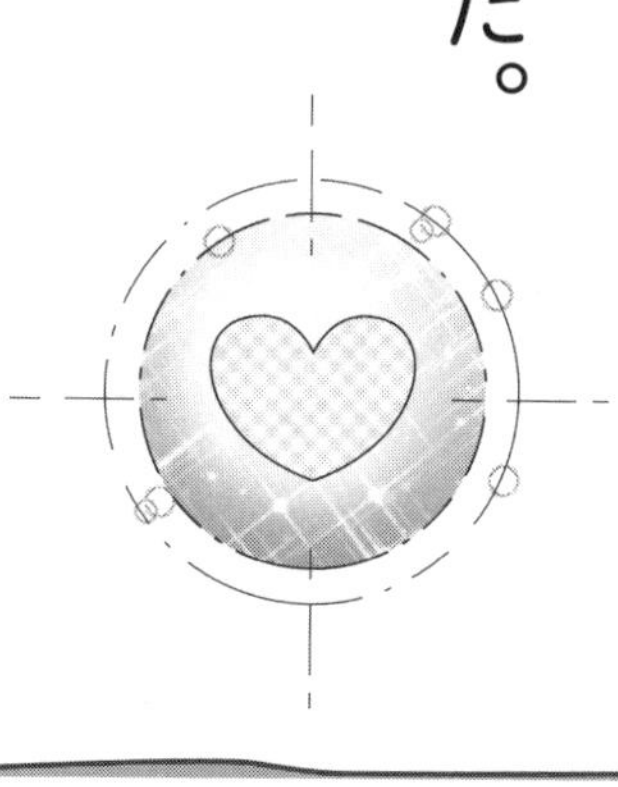

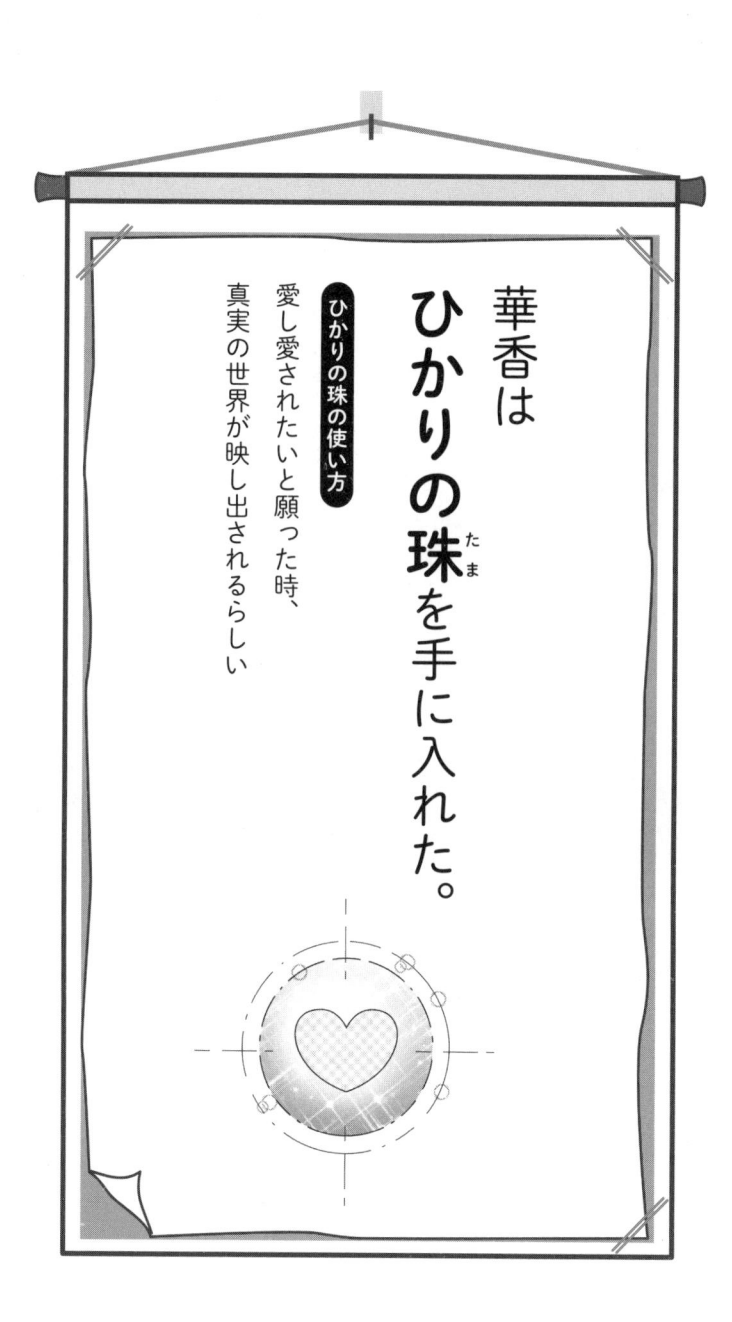

第6章

命と神さまの正体

～本当の自分を思い出す方法～

トイレの神さまは本当にいる。しかも2人も

「あれだけ神々しい話を神さまたちから聞き、お遣いをして、さぞかし華香さんは変わったんだろうな」

きっと皆さんそう思われるのかもしれませんね。

そんな皆さんをがっかりさせるかもしれませんが、私の生活はなにひとつ変わっていません。

ご飯を作り、娘のひかりを送り出し、仕事を黙々とやり、帰ってきた娘と遊び、旦那と話して1日を終える。

そんな平凡な毎日を過ごしています。もちろん時には、神さまのお遣いが入ることもあるけれど。

ただ……じつは大きく好転したこともあるんです。

仕事をしていても、今まで以上に精いっぱいやっていこうと思えたり、娘がもっとかわいく感じたり、旦那さんをかけがえのない存在だと思えてきたり……。

あんなに苦手だった両親や、出会ってくれる人にも、「ありがたいなぁ」と思えることが増えました。

ウズメちゃんが言っていたように、少しだけらせん階段を登れたのでしょうか。**「幸せを感じる日々」**が増えたのです。

そうは言っても、やはり人間の性格とはやっかいです。本来の心配性の私がまた顔を出すのです。「私は、本当に人の役に立てているのだろうか？」と。

もちろん、誰かを喜ばせるためだけに生きるのは違うって分かってる。

だけど、どうしても考えてしまうのです。

そんなモヤモヤを抱えながら、過ごしていたある日のことです。

ある日
トイレに
入り
はー…
スッキリー♡
カレンダーを
ボーッと
眺めて
いると…
ポー…♡
○○くん
イケメーン♡
S M T W T F S
ボン!
え?
え!?
ちわ──!!
華香《はなこ》
私たちも
来ちゃった!!
え…
ええ──!!
今?
ちょ…
ちょっとー!!
なんで今!?
かりにも私、
レディーなん
ですけど!!
キャー
華香、
私たちは
トイレの神さま
ではありません

イザナギ、イザナミです
初めての男と女の神さまと言われていて
たくさんの子どもの神さまを作りました
あ！イザナギ、ひさしぶり！イザナミ、はじめまして！
もちろん知ってますけどなんで今!?
神社じゃなくてトイレなのー!?
神さまは神社やパワースポットにいると思われてるけど
本当はどこにでもいるのよ
神社は参拝者の思いが1つに集まるから神さまが現れやすいの
そのために神社って環境を整えてあるしね
な、なるほどー
だから逆に言うと呼ばれたらどこへでも行くことができます
エッヘン！
…私呼んでませんけど…

「人の役に立ちたい」ってずっと思ってたでしょ？
だからそのことを伝えたいと思って
今、華香がとてもリラックスしてて私たちの話を受けとりやすいからやって来たの
確かにリラックスしてるとなにか閃《ひらめ》いたりするけどね…
オフロ入ってる時とか…
華香の神さまのお遣い、たくさんの人が喜んでいますよ
もちろん私たちも
うーんでも…
どれだけやっても「役に立ててるのかな？」とやっぱり考えちゃうの…
私、自分に厳しいのかな？
それは自分のことは見えないように神さまがエゴベールを被《かぶ》せてるの
こんなふうに
エゴ
フワァ。。
ま、前が見えない
エゴ
エゴベールがあるからこそ
自分のことは人を通して見えるのよ
じゃあ私がママを映しだしてあげるね

どうして『人』は人の役に立ちたいのか

呼んでもいないのに、ジャジャジャジャジャーンと現れた、イザナミとイザナギ。

もちろんすごい2人なことは分かってる！　でも今じゃなくても！

……と思いつつ、「もう見られたことだし、いっか！」みたいな諦めもあって（笑）、せっかくならと、ここ最近のモヤモヤをぶつけてみることにしました。

「ねぇイザナミ。私ね、たくさんのママたちを見てきたけど、多くの人たちが最後に言うのって、私みたいにイライラしたり、子育てがうまくいかなかったり、生きにくい人を、
『今度は私が救っていきたい。誰かの役に立ちたい』
ってことなの。
そして、そのセリフを言った時のみんなの顔って本当に美しくってピッカピカなんだよね」

「そうね。人は人の役に立つことが純粋に嬉しいからね。華香が伝えている胎内記憶でも子どもは地球にママを助けに来るものね」

「うん。その通り。赤ちゃんや子どもたちって、**ママの役に立ちたいって思ってる。そして、ママだけじゃなくて地球の役に立ちたいって願ってる。**

それは見ていて切なくなるほどとっても健気《けなげ》なの。

だから、その子たちの心の声や思いを通訳したい♡　親子を繋げたい♡　って思うようになった。

そしてなにより、大人だって同じように、**人や地球の役に立ちたい**って深いところでは願ってるでしょ」

「華香、なぜ人が『人の役に立ちたい』って思うのか分かる？」

「え、なになに？」

「じゃあ、教えてあげましょうかね～」

特別授業

1 どうして人の役に立つと宇宙の体験になるの？

講師 イザナミ

宇宙の実体はね、進化成長をくり返していて、今でも進化し続けているの。

そして、「進化」をし続けるためには、魂の「体験」が必要なの。

嬉しい体験、楽しい体験、悲しい体験、切ない体験……いい体験だけじゃなくてすべてが必要な**「体験」**で**「情報」**になる。

地球はそれをぜ～んぶ体験できる興味とワクワクの実演の場なの。

そして魂は、いろんな体験＝「情報」をベースに、また空の上で人生の設計図（巻物）を作って地球に来る。

この流れをくり返して、宇宙は進化成長していくの。

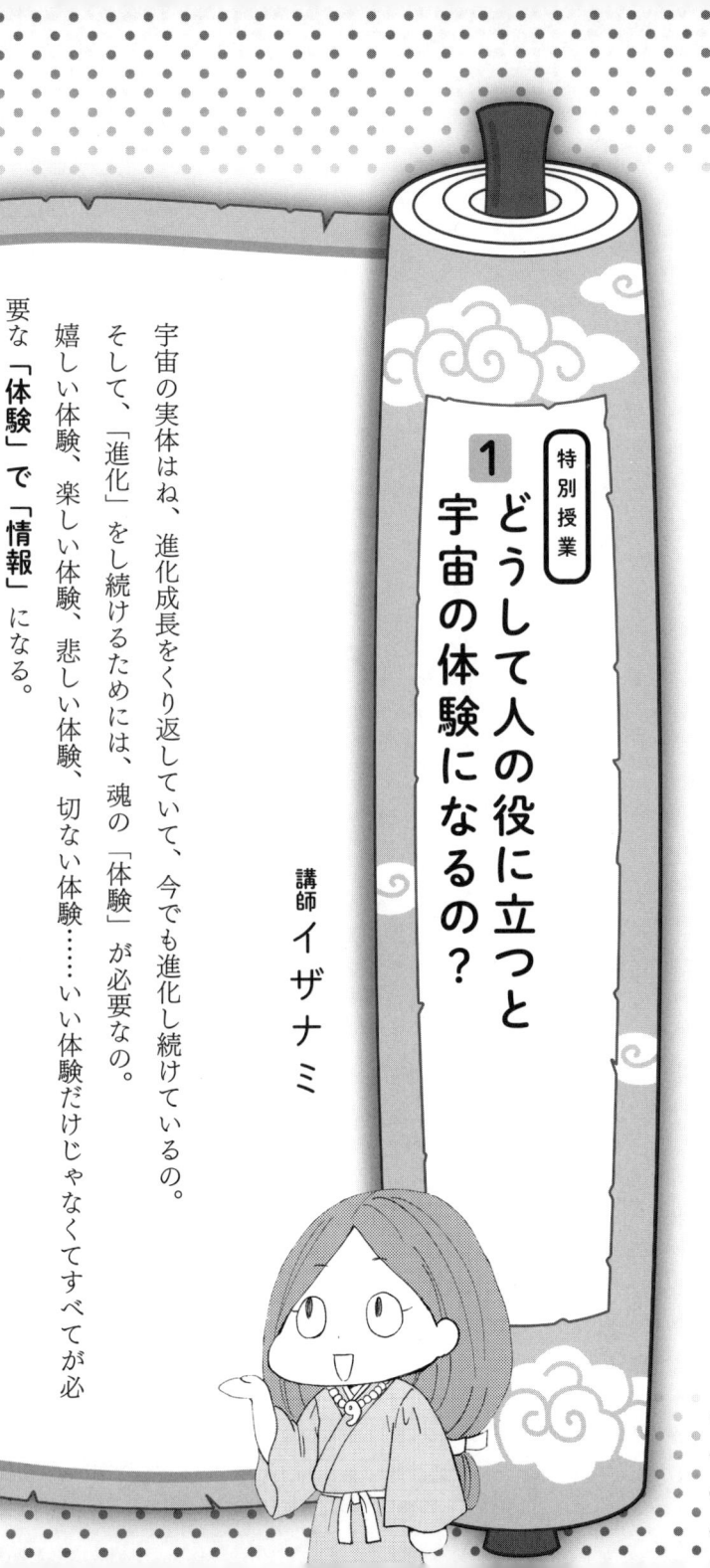

そしてね、1つの魂でできる体験って何度転生したとしても、限られているでしょ。多くて3000回とかかな。

そこで、宇宙は、たくさんの魂の体験を情報にしてひとまとめにした大きな「情報・宝石箱」を創ったの。

みんながその宝石を見て、疑似体験して、自分だけでは思い浮かばないようなアイデアを人生の設計図に詰め込むの。

だからどんな体験だって、他の魂のためになる。

じゃあ、どうして宇宙は進化成長を望んでいるかってことなんだけど、一番の目的は**「自分を知るため」**。

私たちは自分が近すぎて、一番自分のことが分からないでいる。自分を見つめるために、自分と比較するために、いろんな人（魂）の体験・情報が必要になる。だから自分を見るため、宇宙はコピーを作って人（魂）を増やしたの。

他人の行動を見ていると、自分との違いに気づけるでしょ？「違い」を見るってことが、すなわち**「自分を見つけること」**に繋がっているのよ。

そしてもう1つ、宇宙には目的がある。

一見して、矛盾に感じるようなんだけど、それぞれ分離したものを1つに統合して、また自分に戻していくってこと。

「愛する」とは「合いする」ことなの。それが1つの命になる。

それぞれが体験したことを、「1つ」に戻して溶け合っていくことで愛のエネルギーを交流させる。それによって深い安心感や喜びが湧いてくるの。

その1つに「戻りたい」って引力が、「誰かを幸せにしたい」って思いなのよ。

ただね、じつは地球に来られる魂って数が限られてるの。しかも、とっても狭き門。とてつもない倍率なの。

だから、地球にいるってだけで、すごく恵まれてる証拠だし、どんな体験も幸せなの。授業の最初に言ったけど、どんな体験もね。

生まれる時はみんな幸せを配達しにやって来る？

イザナミの授業の大半に納得感を得た私でしたが、どうしても腑に落ちないところもありました。

「ねえ、イザナミ。魂が地球にやって来る流れは分かった。
体験が命の源の情報に繋がってることも。でも……。
『どんな体験も必要』だなんて、納得できない！　だって生後まもなく死んでしまう子や、誰かに殺されるって体験が、必要なわけがない！　そんなの辛いし、苦しすぎる。
この世界に悲しみなんてないほうがいいに決まってる！」

「あら。華香、随分と自分の意見をはっきり言うようになったわね。
じゃあ、そんな憤《いきどお》るあなたに、この話でもしてあげようかな。

人はね、空の上から地球にやって来る時に、3つの『幸せのひかりの珠』を持ってくるの」

「3つの『幸せのひかりの珠』？」

イザナミによると、ある条件が揃うと、その珠はスパークして何百人をも幸せにすることができるらしいのです。

「まず1つ目は、**誕生の珠**。生まれること自体がすばらしい体験であり、そしてその体験は、珠をスパークさせ、何百人をも幸せにするパワーを持っているの」

「私、娘を産んだ瞬間、分娩室《ぶんべんしつ》が光に包まれたのを覚えてる。
その瞬間『神さまを産んでしまった』って思ったの」

「そう、それはまさにスパークした瞬間を見たのね。
たとえそれが、死産であっても、流産であっても、生まれる前になにかしらの理由で空に戻ってしまっても、一度、命を持って地球にやって来て、ママとへその緒で結ばれたこと自体、どんな赤ちゃんも幸せを感じている。そして、赤ちゃんが地球に来るだけでたくさんの人を幸せにしているの。その幸せのひかりの珠は、ママの身体から出て、そのへその緒を切って自分になる時にスパークして、縁のある大勢の人たちに配達される。そしてその光を受けとった人が、死ぬまでず～っと笑顔で暮らしていけるくらいのパワーが宿されているの」

「うわあ～。命ってすごい!!
う、う、生まれてきてくれて本当にありがとう……」

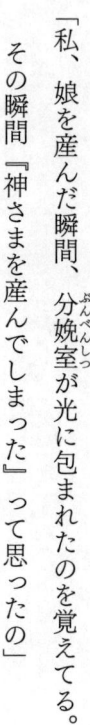

亡くなる時もみんなに幸せを配達しに来る？

「2つ目の珠は、**完了の珠**。人は自分の身体から魂が離れる時にも、生まれた時と同じように、ひかりの珠をスパークさせて、生きてる人に渡しているのよ」

「あ、それも心当たりがあって……。

私ね、ある夜、ふと目がさめてぼ～っとしてたら、ふわって部屋全体が光ったことがあったの。それでその光の中から叔父さんが出てきて……。

丁寧に何度も何度も私にあいさつして帰っていったんだよね。

その時のやさしい顔は、なんだか『これからもみんなを見守っているよ』って言っているようで、とっても勇気が湧いたことを覚えてる。

『叔父さん、亡くなった』って連絡があったのはちょうど次の日だった」

「まさにそれは叔父さんが、華香にひかりを渡している瞬間ね。人生を終えた人は、地球に残された人に対して『どうぞ幸せになってね』って全ての体験や思い・情報を渡してくれるのよ」

「そっか〜、人生を終えるって悲しいだけじゃないいんだね。そんな愛の交換があっただなんて……。ありがとう叔父さん」

3つめの
ひかりの珠は
「生命の珠」
生きてる瞬間、
瞬間にスパーク
してるの
誰かに優しくされて嬉しいなと思った時
傘どうぞ
なるほど!
そうか!!
本に気づきを得て「なるほど!」と思った時
そういう「心が満たされた」時
ぴかっ
自分の中のひかりがスパークします
ぎゅーーん
そしてそのスパークしたひかりは一瞬で地球の中心に入り込み
また一瞬でひかりが必要な人を探し出し
もう死にたい…
ぎゅーーん
彼にフラれた…
私だって泣きたいよ!

そのひかりを必要としている人の中に入るの
ひゅんっ
すると、さっきまで落ち込んでいた人が
はっ!!
自分は何を…
ごめんね
他にもいい人いるらよね
本来の自分の姿「正気」に戻るの
そうやって人の本来の姿に戻る「プラスのひかり」を渡しているの
ほえ——!
だから人は特別にすごいことをしなくても
ぴかっ
ぴかっ
本来のその人自身でたくさんの感動をするだけで
誰かを助けているの
誰でも人は誰かを助け、そして自分も助けられているの
ピカッ
しょぼ
これを私たちは「魂のリレー」と呼んでいるわ
しょぼーん
ピカッ
自分自身を生きることが誰かの助けにもなるのね

恐怖や不安はこの方法で丸投げしよう！

「ひかりの珠はこれで全部。どう？　悲しいとか苦しいみたいな体験もこの地球には必要ってことがちょっとは理解できたんじゃない？」

「う、うん。とってもよく分かった。
でも、じゃあどうしてそんなにたくさんの幸せのひかりをもらっているのに、みんな幸せになれないの？」

「それにもちゃんと理由があるの。
それはね、人は幸せに勝るほどの『**恐怖**』をたくさん抱えてしまうからなの」

「そ、そりゃそうよ。この先どうしよう、私なんかが人の役に立つのかな、うまくいくの

だろうかって、恐怖を持つのはしょうがないことじゃない？」

「う〜ん、恐怖なんてそもそも存在しないんだけどな……。恐怖なんて、あなたたちが作り出してしまった、**ただの幻よ**」

「**は、はい？　幻？　そんなわけない！**　はっきりと『未来が怖い!!』って自信を持って言えるもん！

どうすればいいのよ！　この幻！」

「本来なら、あなたがいるだけでたくさんの人を幸せにできるパワーを持ってる。もちろんあなた自身が幸せになるパワーもね。

そして私たち神さまもあなたたちに本当に幸せになってほしいと思ってる。

だからこそ、やってほしいことは1つ。「恐怖心」を全て私たち神さまに手渡してほしいの。　あなた自身で作ってしまった霧を自分で晴らすのは難しいでしょうから」

「え？　手渡す？　どうやって？」

「『この恐怖を、どうぞ持っていってください。全て委《ゆだ》ねます』
そう言って丸投げしてお願いしてくれればいいわ」

「え～丸投げ？　そんなことしたら神さま大変じゃない」

「ふふ。なにも大変じゃないわ。

だって言ったでしょう。恐怖はただの幻だって。私たちは神よ。『恐怖』なんてないんだから。

恐怖がない。ないものは預けられた瞬間、ないから、ただ消える。

すなわち恐怖を一瞬で消すことができる（笑）。幻なんて屁《へ》でもないわ。だから委ねてちょーだい。

じゃ、これからもう少し詳しく恐怖を消す方法を紹介していこうかしらね」

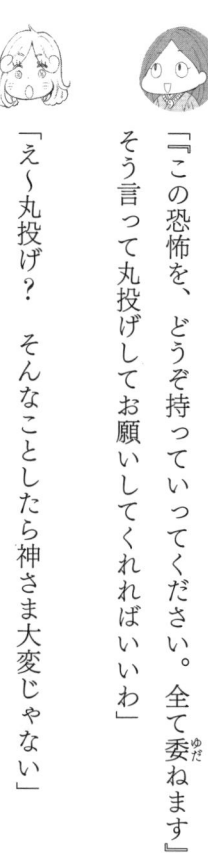

特別授業

2 恐怖を消しさる方法

講師 イザナミ

❶ 悩みや恐怖を、子どもに飴《あめ》をあげるように「はいどうぞ」と心の中で神さまに渡す
❷ 神さまが恐怖の飴を受けとってくれるイメージをする
❸ それでもまだ不安や恐怖がやって来たら、また渡す
❹ 何度も何度も渡す
❺ すると、あなたの中に思いがけないアイデアやビジョンが送られてくる

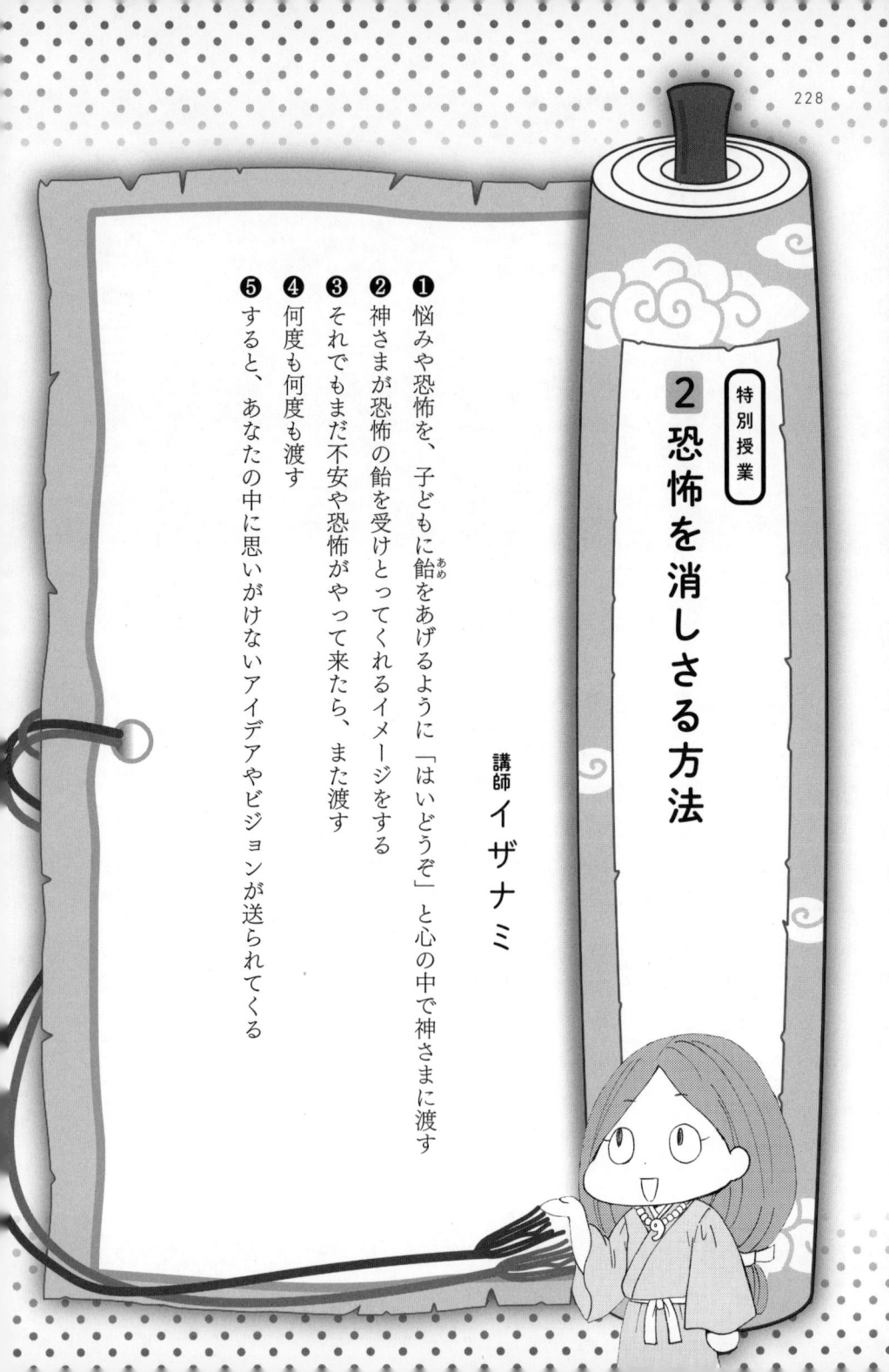

あなたの本当の姿を発表します！

「恐怖を消しさる授業はこれにて終了よ！」

「すごい！　もう終わり!?　こんなに簡単でいいの？」

「そう。実践する時はできるだけ肩の力を抜いてやってみてね。

そして何度も言うけど、あなたたちは恐怖のない姿が本当なのよ♡

ここであなたの本当の姿を思い出してほしいの」

「本当の私??」

「そう。恐怖の向こう側にある本当のあなたのこと。さっき、あなたたちはひかりの珠を渡しあって、受けとりあっているって言ったわよね。

それ、どうしてできるか分かる??　それはね、**あなたたちの本当の姿は神さまだからよ**」

「う、う、うっそーーーーーーーぉ！　なにそれ!!　あ、あれえ、頭から湯気が……」

あなたが宇宙を創りました

「あなたの本当の姿は神さまなのよ」

そんなキテレツなことを突然言われたものですから、この時の私は、言葉通り開いた口がふさがりませんでした。

そんな私に対して、我関せずのイザナミはさらに驚きの情報を私に伝えてきたのです。

「そもそも宇宙を創っているのがあなたなのよ。

だから、あなたがどうしたいか意志を持てば、どんな願いも叶う。

そして、**幸せになることは最初から決まってる。**

不幸になるのは自作自演。そんな幸せの遠回りはとっととやめちゃえばいいのよ」

「あの、パワーワードが飛び交いすぎて、こちら脳内の回路がすっかりショートしております。なになに？　宇宙の創造主が私？　幸せになることは決まってる？　はあ？」

「そう。何度も言うけどあなたが宇宙を創ったの（笑）。だから、あなたは自分が見たいように『あなたの全ての現実』を見てるのよ」

「見たいように全ての現実を見ている？　ひょっとしてこの目の前にあるトイレットペーパーも？」

「そう」

「この壁のカレンダーも？」

「そう」

「なんなら、この便器もぉ〜〜〜？？？」

「そ〜〜ぉ!!　どんなものも、思い込みと既成概念から、あなたが見たいように見ているの」

「あの〜、ちゃんと説明してもらえます？」

「あなたが信じてることが再現されているのがこの世界なの。
だからなにを見ているのかはあなたが決めている。
逆に言うと、**『本当にできる』と信じていれば不可能はないの。**
例えば病気の人が治るってことを1ミリも疑わなければ治るのよ。
それが神さまの力。疑いのない、創造したままの姿。
でも、きっと、そう思えないわよね（笑）。
すぐにまた、うっそ〜って疑ってるでしょ？」

「ま、まぁ。さすがにぶっ飛びすぎだもの」

「うん、だからそんなハードなことをさっそく信じなさい！　だなんて言わない。華香が今すぐ思えること、信じられることからやっていけばいいのよ」

自分の力を侮《あなど》るな！

「簡単なことから少しずつね。例えば、『ステーキが食べたいな♡』とかね。

この時のポイントは2つ。

1つ目は『信じられること』を意図する。

2つ目は『あなたの人生が変わらないこと』を意図する。

ステーキは食べられそうだし、仮に食べたからってまさか、人生まで変わるだなんて思わないわよね？

でも信じられない、人生が変わるかもってなると、いくら意志を使っても、先が見えないから、お決まりの『恐怖』や私なんかが……の『自己否定』の雲たちがやって来る。

すると、途端にハードルが高くなって信じたくても信じられなくなるわ。

そして、叶わないと、『ほ～ら、嘘だ』ってすぐに拗ねるクセがある。楽しみながら待つってことが苦手なのよね。本当にせっかちなんだから」

「なんか、すいません（汗）」

「そして、もっと言うとね、あなたが思っている以上の存在があなたなの。なんせ神さまの一部なんだから。それを体験させようと、神さまはお手伝いしているの。

例えば、『ステーキが食べたい』と言ったら、それだけがゴールではなく、さらに最上級のステーキを調理できるシェフとの出会いをセッティングしたり、ステーキを食べる以上の喜びやサプライズを渡したりしたいと思っている。ステーキを食べるということを使ってね。

予想もしなかった**ギフトや最初の目的を遥かに超えた奇跡的な体験を、あなたにも、あなたに関わる人にも神さまは手渡ししたいと思ってるの！**

神さまは『自分を侮っちゃダメよ』ってことをいつもあなたに教えて助けてくれている。

だからこそ、まずはあなたが信じられることを信じて、恐怖は神さまに手渡しながら一歩一歩進んでいけばいい！

そうすることで、どんどん、人生や生き方が変わってくるし、自分が想像を超えるほどの世界を自分で創っていけるって信じられるから。

まずは、あなたが信じられることに意志を使うって決めてみて」

「私、神さまの旅をしてきて、預けられたものや、キーワードがいったいなにに繋がるか分からなかった。だけど、今振り返ってみると、自分が意図していたこと……いや、それ以上の現実を受けとってるなって思う。

新しい自分がたくさん現れて、自分の中の可能性を知った。そして思っていた以上の幸せをたくさん受けとった」

「そう。あなたはなんでもできる。

どんな望む未来でも。

どんなあなたで在るか。

あなたが全て決められる。

宇宙の創造主、それがあなただから♡

それを思い出すために、神さまという本当のあなたが、いつでも目覚められるようにメッセージを送っているのよ」

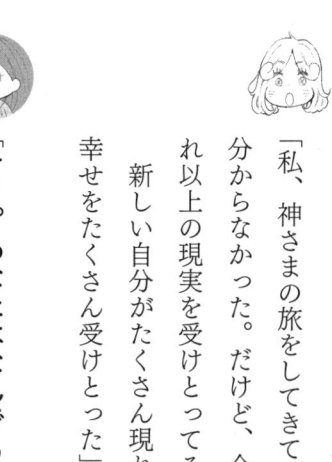

神さまが私たちにメッセージを送る理由

「そして、イザナミと共に私たちは神さまをたくさん創った」

「あれ、イザナギさん！　まだいたの!?　もう帰っちゃったのかと思ってたよ。人のトイレを覗《のぞ》くだけ覗いて帰るだなんて、変態だなって！」

「ひ、ひどい奴め！　男神は出しゃばらず、女神のビジョンやアイデアをひっそりとサポートするものなんじゃよ。ハッハッハッ〜。

　自分のことをもっと知りたい！　そう願って、男女というまったく違う存在に分離したのが我々だ。

　そして、その男女は愛し合うことで、統合し、また新たな命を創る。そうすることで自分たちを延長させているのだ。愛と意志を結びつけてな。

むすばれる彦（ひこ　男）＝むすこ
むすばれる姫（ひめ　女）＝むすめ

それが君たちだ。
神さまと同じ源で、同じパワーを持っている。

かわいい私たちの子どもたち。

そんな子どもたちがやるべきことは、**『みんなで生きていくこと』だ。**
どう生きるか、考えながらな。ハッハッハッ～」

「うっわ～～。すごい壮大な宇宙プロジェクト!!　私たちはそんな刺激的でワクワクする世界を生きているんだね！」

「そうだ。そして、もう1つ、とっても大事なことがある。それは、華香。
君が君を愛すること」

「わっ!!　出た～～～～。ご自愛～～。これ苦手なんだよね～。こっ恥ずかしいっていうかさ」

「いいや、ここまでの旅で学んだことは、全て自分を愛するために必要なツールだったんだよ」

「へ。そうなの？　それじゃぁ自分を愛するって特別なことじゃなくて、**人生に起こること、出会う人、自分の思いの1つずつを丁寧に心を込めて向き合って生きていくことなんだね**」

「その通り。それを決して忘れないでね」

「ありがとうイザナギ。では、ここから先はこのイザナミが最後のレクチャーとしてあなたに伝えるわ」

特別授業

3 本当の自分に戻る方法

講師 イザナミ

呼吸をしながら、自分を覆っている悩みや雲を心の中で覆い払って、幻想が散っていくところをイメージしてみて。

そして、

「本当の自分が見られますように」

「神さまである自分を思い出せますように」

そう祈ってね。

祈りと共に自分の中の光、輝いている命を感じてみてね。

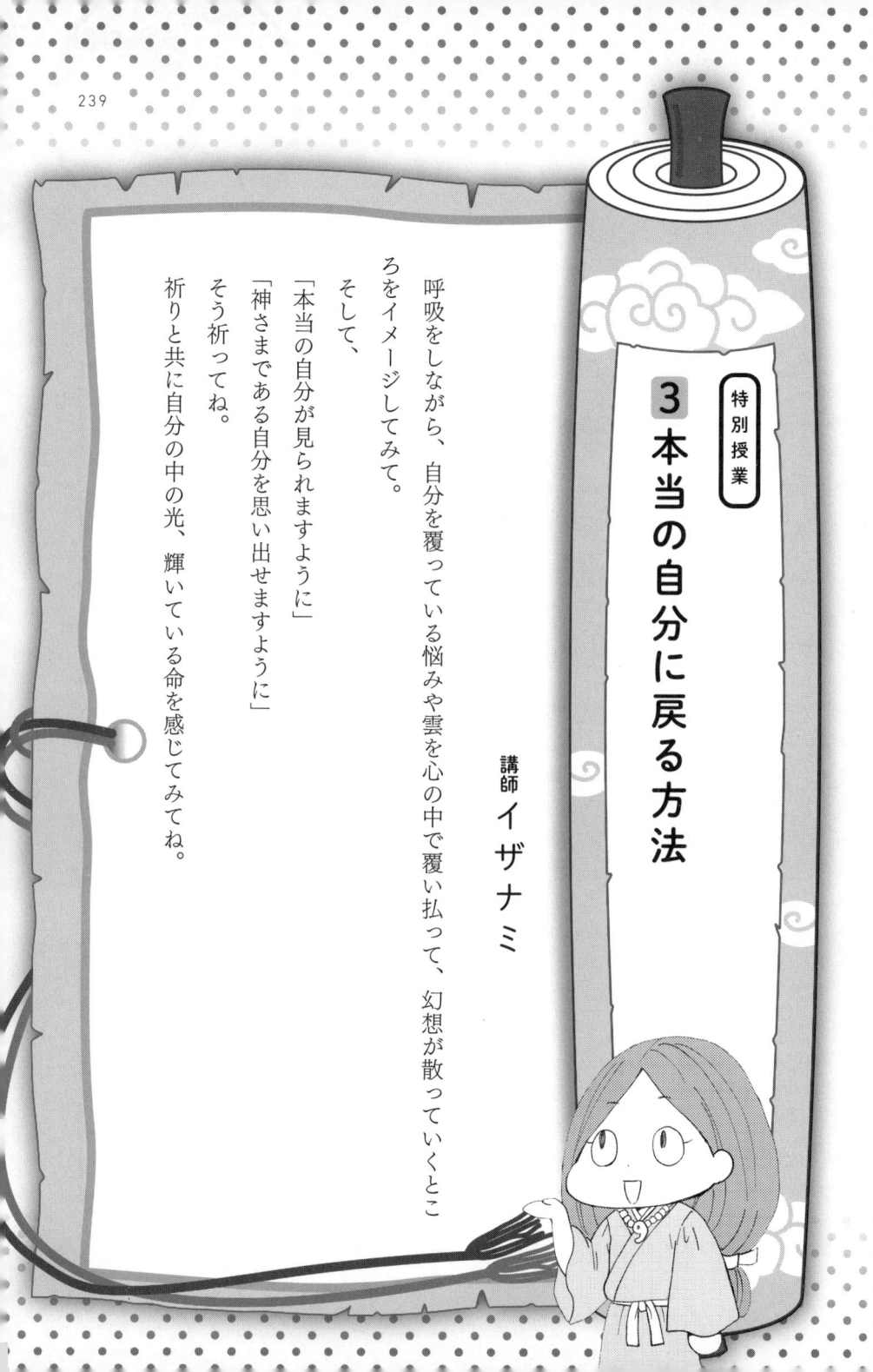

あなたの中の神さまパワーを思い出す

「祈ることってね、なにかを望むことではなくて、すでに持っているあなたの神さまパワーを思い出して引き出すものなの。

そして、間違って見ていた自分のことを訂正していくこと。

誰かのために祈るのも同じ。祈りによって相手の本来の神さまパワーをグンと引き出すことができるのよ。

そして……神さまたちは、いつでもあなたを見守っている。

『幸せになってね。もっと幸せになってね』

それをずっと祈り続けて、助けてくれている。それだけは忘れないでね。

ねえ華香。神さまが怪しいっていうのは、少しはなくなった？」

「うん。神さまが怪しいっていうのは、本当の自分自身を疑うことだものね。

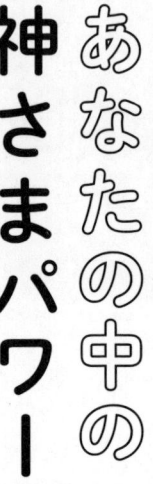

自分を疑ったらかわいそう。自分が自分を信じていかないとね」

「そう。神さまは内なるあなただからね。イザナギはなんか言いたいことある？」

「ハッハッハッハッ〜！　それではこのステージ、『本当の自分を思い出す方法』はクリアとしよう」

そう言ってイザナギとイザナミは、私の前から「ボン」と消えていった。

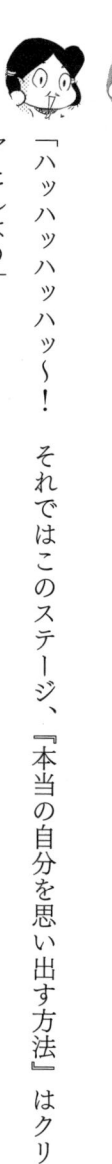

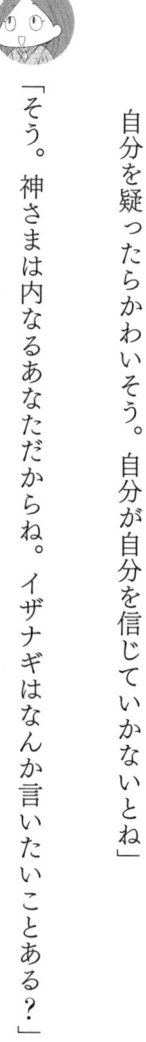

華香は「自分の中の神さま」を手に入れた

自分の中の神さまについて

「絶対に大丈夫、必ず幸せになるよ」とあなたを大きな愛で包む
本当の声がいつでも囁いているよ♡

……ところで皆さん、なにか1つ忘れてないでしょうか？　はい、私の背後にいた白龍についてです。さてどこに行ったのでしょうか？　それは次のエピソードでのお楽しみ〜！

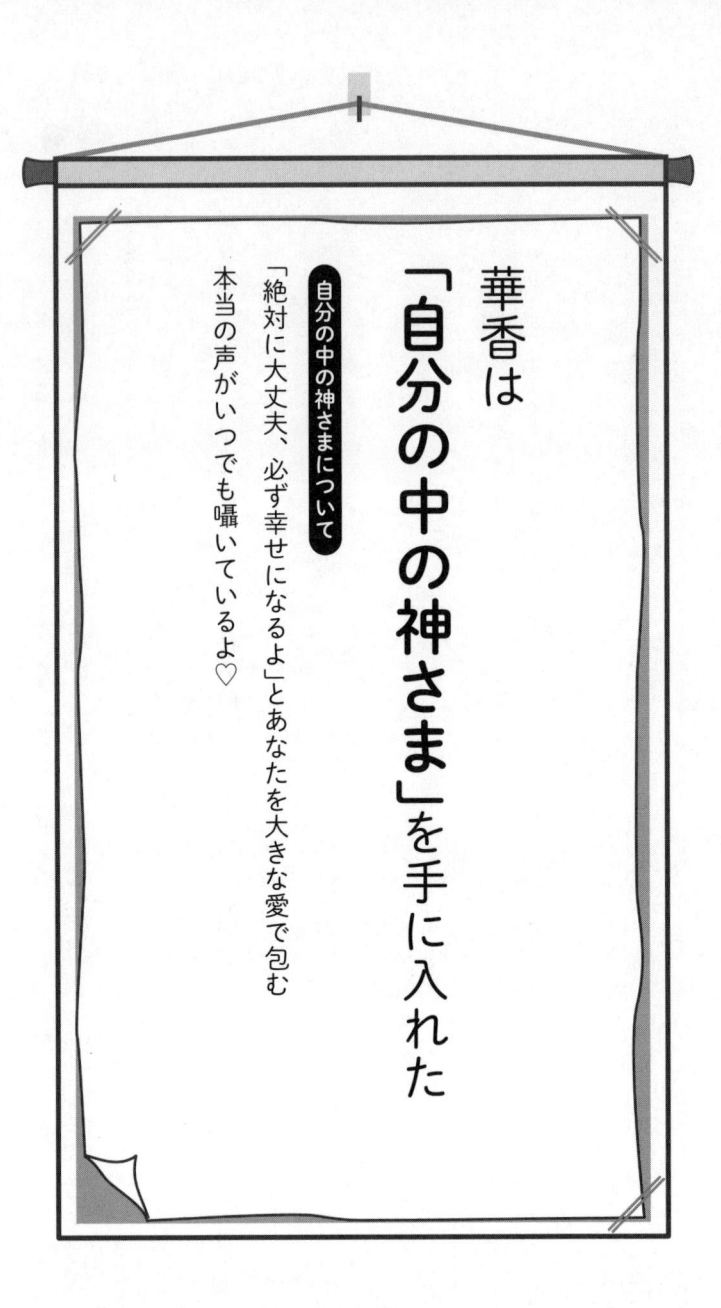

あれから数日後――…
はあー…
神さまのお遣い終わったねえー…
うんっ♪
ママ神さまのお遣い楽しかったねえ♪
え？そ、そお？
やっぱりこの子は私より魂が年上だわ
マ、ママはちょっと大変だったかなーって…
お――い！
華香《はなこ》――ひかり――元気か―？
は…
白龍…!?

いったいどこに行ってたの!?
てか、随分立派になったわね!
君が頑張って神さまのお遣いをしてくれたから
僕もこうして成長することができたよ
龍は使い手に合わせて
どんどん成長していくんだよ
華香、毎日を大切に過ごしてね
僕は一人前になったからこれで帰るね
本当にありがとう
ほえ――!
自分の中の神さまを大切にしてね
は…白龍…
私こそ…ありがとう…
ずっと見守っててくれていたんだね…

じゃ、またね…
白龍…本当にありがとう…
ママーー
白龍帰っちゃって寂しいねー
う、うん
そうだね…
ドジでマヌケな白龍だったけど…
いなくなっちゃうとやっぱり寂しいな…
ひかり…
でも…私…
白龍や神さまからもらったプレゼント
晩ご飯なに食べたい?
えーとぉ…
大切にして毎日を一生懸命生きるね…
ぴかっ
ん?

ぎゅーん!
キャー!!
ボンッ
華香——
じゃ、また行こっかー♪
え、ええ——…
ぎ、銀龍になってるし!!
行くってまさか?
もちろん
バチー☆
お遣い♡
華香のお遣いはまだまだ続きそう…

おわりに

神さまは、いつもむちゃぶりをする。

でも一方、「あなたはそんなもんじゃないでしょ!!」って、今の私より、もっともっと大きな可能性やパワーを伝えるために「愛の贈り物」として「むちゃぶり」を与える。だから神さまからすると決して「むちゃぶり」ではないのです。

その証拠に、行った先々で、私の想像を軽く超える、奇跡と幸せをたくさん受けとるから。

でも……それと同時に、人生に起きるあらゆる出来事は「それ自体が目的じゃない」と知るのです。

どういうことかと言うと、あらゆる出来事は「神さま」「愛」「宇宙」、そして、「本当の自分」を知るために張り巡らされている伏線にすぎず、完成に必要なパズルの1ピースのようなものなんだな、と思うのです。

良いことも、悪いこともその出来事がないと、今に辿り着かないようになっている。

そうやって、いつも深く体感し、分かってはいるものの、神さま旅は、先が分からない「人生」そのもの。

ここには書ききれないほどのお遣いや、「そんなことできない」と思う壮大なメッセージもたくさんありました。

そして今もなおそれは続いていて、まるで「怖い」と「自分の枠を超える」狭間を行ったり来たりしながら人生のど真ん中を歩いている感覚です……。

けれど、そんな「人生のど真ん中」で立ち尽くし、迷子になっている私に「こっちだよ」と優しく助け、ひかりの方向に導く「魂カレ」「魂トモ」がやって来てくれる。

彼らは「このタイミングに出会おうね」と空の上で約束し、それを果たしてくれているのかもしれません。

私の人生の一部であるこの本は彼らがいたからこそ完成しました。

この場を借りて、担当編集者の彩乃ちゃん、マンガ家の池上さん、また「魂カレ」「魂トモ」たちに深く感謝いたします。

それと同時に、

「こうしてたくさんの愛する人たちと、この世界で結んでくれて本当にありがとう」

そう、神さまにお礼を言いながら、私は毎日を一生懸命生きていくことしかできないな、と思うのです。

そして、ひょっとして、私たちがこうして誰かを助け、支えることが「命」を使うことに繋がっているならば、その時、神さまから預かったひかりをスパークさせて、世界を１つに結び合ってるのかもしれません。

さらにそれが巡り巡って「１人ひとりが幸せになること」に繋がっているような気さえします。

この「幸せになること」こそ、神さまとの一番大切な約束であり、世界は愛に溢れてるな、と思うのです。

だから、断言させてください。

神さまの大切なむすこ、むすめのあなたは、

幸せになると共に
この世界に絶対に必要な存在です。
どんなあなたでも、ここにいてください。
あなたじゃないとダメなんです。

ここに生まれてきてくれた
大切な大切なあなたが、
この世界に溢れている愛をたくさん受けとって
ずーっと幸せでありますように……。

同じむすめである、私のひかりをこの本を通してスパークさせ、
祈りにかえさせてもらいます。

2019年　初秋　長南華香

長南華香
（ちょうなん・はなこ）

株式会社Cherish　代表取締役

一般社団法人　親子みらいむすび
代表理事

大学で児童教育学部を専攻し、「小学校教諭1種免許状」「幼稚園教諭1種免許状」「保育士資格」を取得。子どもに「生きる楽しさ」を伝えたいという思いから、有名キャラクターを数多く扱うグッズ、おもちゃメーカーへ。ママと子どもの心を掴むクリエイターとしてメガヒットアイテムを連発する。『はじめての文具シリーズ』はステーショナリー・オブ・ザ・イヤー優秀賞を受賞。
2008年デザイナー&プランナーとして独立・起業。多忙な日々を送る。一方、ライフワークとして学校や児童施設などで子ども向けワークショップを定期的に開催する。
そんな折、2009年に娘を出産。以前から学び続けていたスピリチュアルリーディングや国内外のメソッド、心理学を活かし、子どもが「なぜママを選んだのか?」「今の状況はどうしてこの家族に起こっているのか?」などを多くのママに伝える親子セラピストとして活動。
2019年現在、「子育ての概念が変わった！」「子どもを通して自分の生まれてきた意味が分かった！」などの声が全国から口コミで広がり、親子カウンセリングは1万組以上、講座やワークショップの総動員数は3万組以上にのぼる。
セミナーの定期開催、子育て団体・市・行政・企業からの講演依頼も殺到している。
著書に『こどもはママのちっちゃな神さま』（ワニブックス）がある。

2017年ごろから、日本の神さまからお願いされる形で、全国の神社を回り、講演会やリトリートを開催、人気を博している。

https://ameblo.jp/cherishhikari

池上花英
（いけがみ・かえ）

漫画家

広島県出身。武蔵野美術大学卒。男性誌、女性誌、ファッション誌などジャンルを問わず様々な媒体で多方面で活躍中。2015年ダウン症のある長男を出産。以降、息子の育児と療育と漫画の三本柱で奮闘中。星きのこのペンネームでも活動。好きなキノコはエノキ茸。

https://kaeikegami.wixsite.com/kaeikegami
https://note.mu/hoshikinoko

装丁／山田知子（chichols）
本文デザイン／株式会社Cherish
DTP／山口良二

神さまのむちゃぶりで全国の神社に行ったら人生が好転した話。

2019年10月７日　初版発行
2019年10月13日　２刷発行
著者　　長南華香
発行者　太田　宏
発行所　フォレスト出版株式会社
〒162-0824
東京都新宿区揚場町2-18　白宝ビル5F
電話　03-5229-5750（営業）
03-5229-5757（編集）
URL　http://www.forestpub.co.jp
印刷・製本　日経印刷株式会社

ISBN978-4-86680-055-4　Printed in Japan

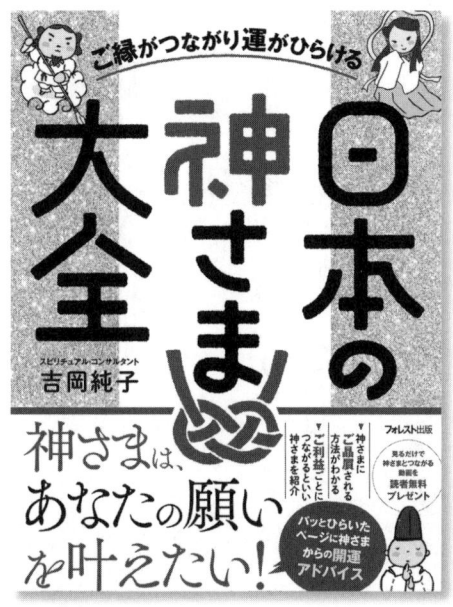

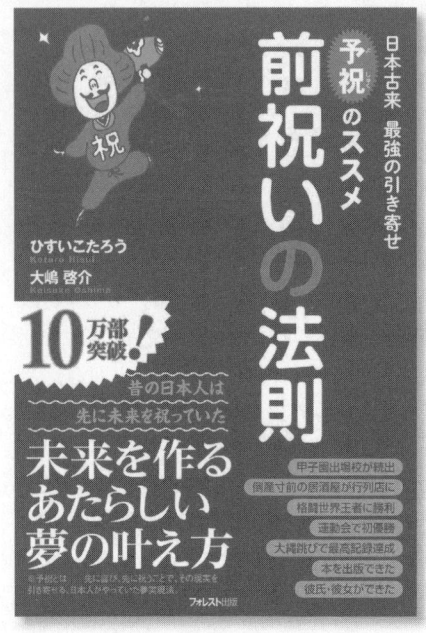

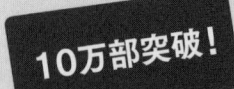

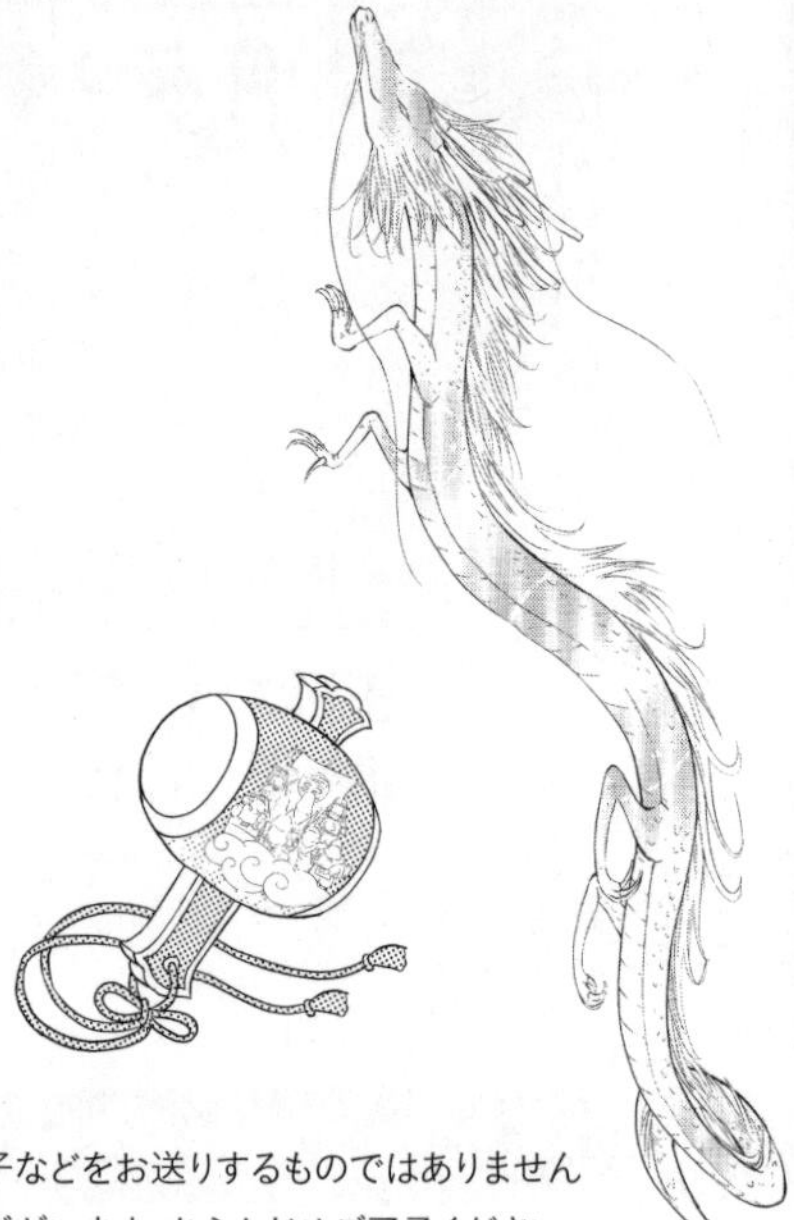